互联网金融从业人员培训考试认证项目指定教材
注册小微金融管理师考试认证项目指定教材

互联网金融

概念 体系 案例

果怀恩◎主编
张燕 吴畏 李伟星◎副主编

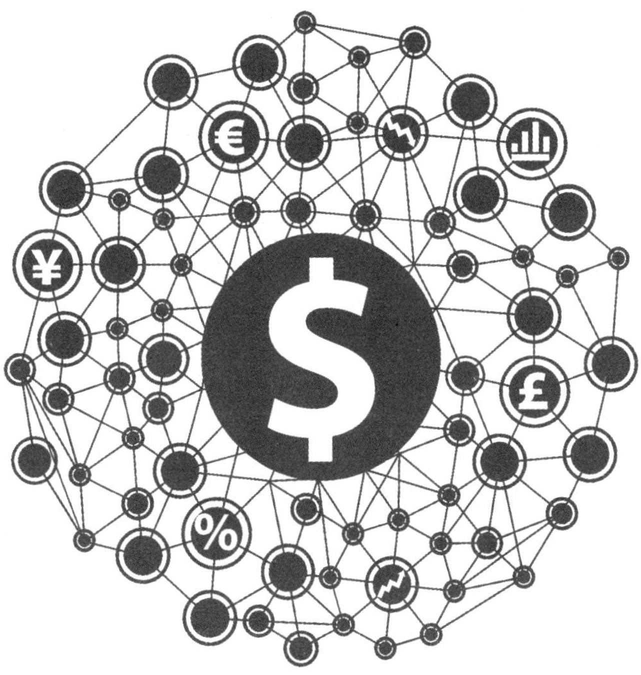

人民邮电出版社
北京

图书在版编目（CIP）数据

互联网金融 ：概念 体系 案例 / 果怀恩主编. -- 北京 ：人民邮电出版社，2017.4（2021.2重印）
ISBN 978-7-115-44887-3

Ⅰ. ①互… Ⅱ. ①果… Ⅲ. ①互联网络－应用－金融 Ⅳ. ①F830.49

中国版本图书馆CIP数据核字(2017)第026972号

内容提要

本书围绕互联网金融的行业实践与政府监管要求，按照中国人民银行等十部门发布的《关于促进互联网金融健康发展的指导意见》的精神，分别介绍了互联网支付、网络借贷、网络众筹、互联网消费金融、互联网基金销售、互联网保险销售等重要的互联网金融业态。

在内容方面，本书以互联网金融业务原理和监管规定为重点，帮助读者理解互联网金融的创新性和风险性，并且每章都包含学习导入、相关知识、知识点总结和复习与思考 4 个部分。在形式方面，本书配有生动的图表来讲解知识点，部分章节还精心制作了案例视频，读者可以扫描二维码观看，从而更好地了解知识重点和难点。

本书既可以作为高等院校金融专业的互联网金融入门教材，也可以作为相关从业者的投融资参考书，还可以供对互联网金融感兴趣的人士参考和学习。

◆ 主　　编　果怀恩
副 主 编　张　燕　吴　畏　李伟星
责任编辑　刘　琦
执行编辑　朱海昀
责任印制　焦志炜

◆ 人民邮电出版社出版发行　北京市丰台区成寿寺路 11 号
邮编　100164　电子邮件　315@ptpress.com.cn
网址　http://www.ptpress.com.cn
三河市祥达印刷包装有限公司印刷

◆ 开本：700×1000　1/16
印张：9.5　2017 年 4 月第 1 版
字数：135 千字　2021 年 2 月河北第 3 次印刷

定价：29.80 元

读者服务热线：(010)81055256　印装质量热线：(010)81055316
反盗版热线：(010)81055315

前言 FOREWORD

互联网金融的时代已经到来。

老百姓对于互联网金融的认识往往是从支付宝这类服务开始的。2003 年，支付宝作为改善网购体验的工具诞生于淘宝网。时至今日，支付宝已成为服务 3 亿实名用户的第三方支付龙头。支付宝旗下主营基金服务的余额宝的规模突破 8000 亿元，让合作方天弘基金一举成为国内规模最大的公募基金。互联网金融蕴藏着巨大的能量，金融机构忽视它就会被时代抛下，掌握它的内在规律则能抓住发展机遇。2016 年，互联网金融正式被纳入国家“十三五”规划。

目前，全国多所高校先后开设了互联网金融相关专业及课程，许多银行业金融机构也纷纷组织互联网金融学习班。鉴于互联网金融诚信与合规风险频发的现状以及互联网金融行业监管政策在近年发生较大变化的现实，一本能够全面、深入地分析互联网金融各个领域运作原理与最新监管规定的教材必不可少。本书在互联网支付、网络借贷、众筹融资、互联网消费金融、互联网基金销售和互联网保险销售的各个章节均以业务模式和监管要求为导向，采用具有代表性和时效性的案例来进行教学，系统解决了先前很多互联网金融图书因不分析业务运作原理、不提及行业监管政策、教学内容陈旧而造成的不符合教学或培训要求的问题。

本书每章均由学习导入、相关知识、知识点总结和复习与思考 4 个部分组成。在学习导入部分，给出学习地图和学习目标，即该章的知识结构和教学重点；在相关知识部分，给出业务必备的知识，包括概念定义、发展历程、模式原理、监管要求和实践发展等；在知识点总结部分，归纳整理重点概念，帮助读者理清思路；在复习与思考部分，设置了多选题和思考题，一方面检测读者对基本概念的掌握程度，另一方面引导读者进行课外知识的拓展。

在内容表现形式方面，由于本书涉及大量的新概念以及法规，编者采用了

前言

FOREWORD

形式多样的图表来展现知识点，并针对部分知识的重点、难点制作了教学视频，帮助即使是非金融专业的读者也能看懂本书。希望长期持续扩展金融知识的读者，可以扫描封面二维码来关注“牛角尖”财经新闻公众号，并下载“I 金砖”金融教育 APP 观看免费课程。

本书由中国小微金融标准委员会的专家组组织编写，由果怀恩担任主编，由张燕、吴畏、李伟星担任副主编，参与编写的还有李慧麟、顾明。

中国小微金融标准委员会是由中国人民银行研究局、国家开发银行、世界银行、中国金融教育发展基金会等共同发起成立的学术研究标准认证机构，致力于通过学术研究、标准评级、教育培训、智库咨询来推动小微金融事业发展，为我国普惠金融体系的建设与完善做出贡献。

由于编者水平和经验有限，书中难免有不足之处，欢迎广大读者批评指正。意见和建议可以通过邮箱（IntFinEdu@outlook.com）反馈给编者。

编者

2017 年 1 月

目 录 CONTENTS

目录 CONTENTS

目 录 CONTENTS

CHAPTER 1

第1章 认识互联网金融

学习地图

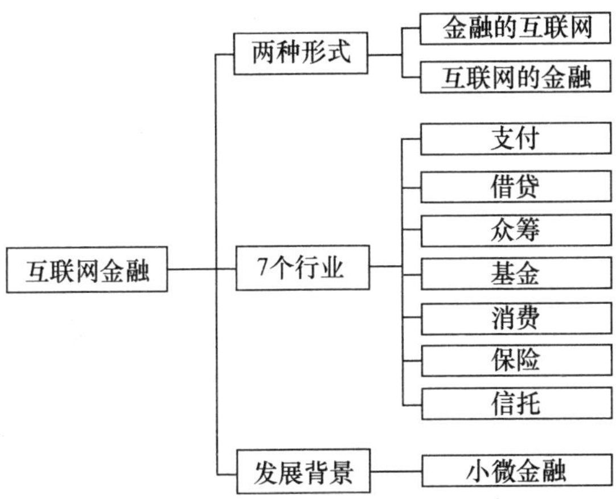

图 1-1 学习地图

学习目标

- 了解互联网金融的两种形式和 7 个行业
- 了解互联网金融和小微金融的关系

1.1 互联网金融是什么

1．互联网金融的两种旧形式

互联网金融的实践按照“互联网血统”的“纯正”与否可以分为“金融的互联网”和“互联网的金融”，前者多为传统金融机构将旧有金融业务搬上网络，后者多为新兴互联网机构（不一定是金融机构，即“跨界”机构）通过互联网开展新型金融业务。

如果用购物来比喻金融，“金融的互联网”好比家乐福超市建设的网上商场，只是把商品搬到线上去销售；“互联网的金融”好比以互联网起家的淘宝，其建立的平台代表了一种新的购物模式，其提供的服务也是前者无法（或者不适合）提供的。

（1）第一种：金融的互联网

例如，商业银行为了更好地给自己的线下客户提供服务，建立了网上银行，银行储户可以通过网上银行管理账户、申请贷款、进行网络支付等。但是网上银行始终是银行业务的辅助，比较重要的业务（如开户销户、打印银行流水文件、办理存款证明等）依然需要依靠实体银行网点来办理，且银行的安全与监管功能仍需要实体网点来保证。

（2）第二种：互联网的金融

例如，没有实体网点的第三方支付机构（如支付宝、财付通、微信支付等）的业务均在线上进行，（基本）不依赖线下环节，强调的是不受地域限制与改善用户体验，且能够提供前者无法（或者不适合）提供的服务。

2．互联网金融的新形式

上述的两种分类法有助于读者理解互联网金融的演变历史，但这种分类的边界在如今跨界金融的趋势下正逐渐模糊。例如，平安集团作为拥有银行、保险等传统金融业务的金融机构，其本身也出资建立了符合“互联网的金融”定义的“陆金所”，还推出了第三方支付服务“壹钱包”。

目前，业内将前面两种形式统称为“互联网+金融”，而“互联网+”的理念已经被推广至各行各业，如“互联网+农业”，将农副产品直接运输到城市，促进农村经济的正常迅速发展；“互联网+教育”，网络授课的形式越来越受到认可。2015 年 3 月 5 日，国务院政府工作报告提出要“制定‘互联网+’行动计划，推动移动互联网、云计算、大数据、物联网等与现代制造业结合，促进电子商务、工业互联网和互联网金融健康发展，引导互联网企业拓展国际市场”。

3．互联网金融的行业组成

（1）分类标准

目前，互联网金融行业发展面临的最大问题，就是国家的政策与监管。一方面，国家表示要大力支持互联网金融的健康发展，相应的监管政策也在近年有了重大发展；另一方面，大量的互联网金融企业业务游走于政策的边缘，或多或少有着跨过监管红线的风险，而法规政策和监管力度的变动会对其发展造成根本性的影响。因此，不论是立志于从事互联网金融行业的读者，还是想要通过互联网金融平台进行投融资的企业家和投资者，都要对一些基本的互联网金融监管要求有所了解，以规避自身的连带风险。

中国人民银行（简称“人行”或“央行”）等十部门于 2015 年 7 月 18 日发布了《关于促进互联网金融健康发展的指导意见》(以下简称《指导意见》)，这是国家第一次以正式文件形式规范了互联网金融业务的类别及相关的发展原则，“一行三会”监管机关之后发布的任何监管文件都必须符合《指导意见》的精神。这份文件将互联网金融行业分为互联网支付、网络借贷、众筹融资、互联网基金销售、互联网保险、互联网消费金融、互联网信托这几类（对于互联网信托，本书出于教学重点考虑不对其进行讲解）。

（2）行业介绍

① 互联网支付

互联网支付的主角是第三方支付，即支付宝、财付通、微信支付这样的非银行机构提供的完全网络操作的支付服务。第三方支付机构相比银行业机构受到的监管较松，因此从主观上更加乐于和新兴的各互联网金融平台展开业务合作；而第三方支付服务比网上银行支付更快捷方便，因此客观上更加适合支持互联网金融业务。

第三方支付应用于互联网金融的各个领域，起到了资金流动的“通道”

作用，甚至对一些互联网金融领域起到了主导与支撑的作用。

② 网络借贷

目前网络借贷主要有两种形式。

第一种叫作网络小额贷款，是银行、小贷公司等金融机构让借款人通过网络平台提出贷款申请，然后将自己的资金贷给通过审核的借款人。

第二种叫作 P2P 网络借贷，是 P2P 平台充当“媒婆”，介绍想投资的人和想借钱的人“相亲”，成功后收取一笔“礼金”。由于这其中无需金融机构的参与，借贷双方直接通过 P2P 平台交易，因此是民间借贷的“正规化”“互联网化”，是我国金融体系重要的创新。

③ 众筹融资

所谓众筹，就是一群人出钱给第三方操作，以便达成一个共同的目标。《指导意见》里提到的众筹是股权众筹，即大家一起出钱投资公司当股东，让普通的老百姓也体验一把风险投资的刺激感。

众筹还有另一种重要的形式是产品众筹，即大家一起出钱（有时候是出力、出智）赞助某项产品的研发和制造。产品众筹特殊的地方在于赞助者既不是股东（有时候进行众筹的就是一个开发团队，甚至是个人，连公司都没有注册），也不是债主（钱给了就别想拿回来，也没有利息），其行为更不是捐赠（产品众筹也称奖励式众筹，因为赞助者一般会得到非金钱形式的回报，如做好的产品本身），又不同于一般意义上的购买（众筹出来的产品可能不符合期望，然而你不能退货），而是一种由赞助者分担产品研发风险的投资行为。

目前，产品众筹作为一种替代性融资模式在国内外都发展得很火热。例如，在京东众筹平台上，曾经有一个电动踏板车品牌第一次众筹就拿到 800 万元，第二次众筹拿到了 700 万元，合计相当于得到了 1500 万元的订单。

④ 互联网基金销售

互联网基金销售是最“表里不一”的互联网金融业务。例如，你放在余额宝里的钱，其实是被支付宝拿去替你买了基金了。问题是，这基金到底算是支付宝的，还是你的？投资亏损了支付宝赔偿吗？更重要的是，余额宝到底合不合法，是否涉嫌“非法集资”？

⑤ 互联网保险

保险的网购基本有两种形式。

一种是像网购网站一样在网站上销售各种保险。

另一种比较隐蔽，例如，用户用微信买高铁票，或者上携程买机票时，会默认搭售保险。这里有两个问题：首先，用户的保险到底算是谁卖的，是微信和携程，还是与他们合作的保险公司？其次，用户怎么知道买的不是假货呢（假保险理赔时才暴露）？为了确保互联网保险销售的规范性，监管机构针对上述两个漏洞做出了规范。

⑥ 互联网消费金融

首先，这里的“消费”不仅指购买消费品，还包括了教育、旅游、医疗等支出领域。

互联网消费金融主要是指提供给线上、线下消费者通过网络申请并获得消费贷款的服务。从消费者使用的便利性而言，可以将其分为两种。

第一种是贷款服务本身与商品服务是分离的，消费者需要专门向金融机构提出申请，金融机构再对消费者进行资信审查，一般适用于额度较大、期限较长的车贷、房贷。这种消费贷款通常用于线下消费场景，而且虽然贷款申请是线上的，但一般都会有线下的实地审查环节。

第二种是贷款服务本身与商品服务是相连的，一般由商家或者其合作机构提供，向消费者提供分期购物服务。这种消费贷款通常额度较低、期限较短，适用于一般消费品网购，基本不依靠线下环节，常见的有京东白条、苏宁分期、趣分期等。

互联网消费金融之所以不在网络借贷的部分讲，而是按照《指导意见》单独分一章讲。首先是因为网络借贷强调的是借贷方式，互联网消费金融强调的是借贷目的，其次是因为网络借贷中的 P2P 网贷主要用于企业经营贷款，而互联网消费金融是针对个人消费贷款的。

（3）行业生态

上述的行业分类是根据《指导意见》来进行的，目前实践中互联网金融的具体构成如图 1-2 所示。

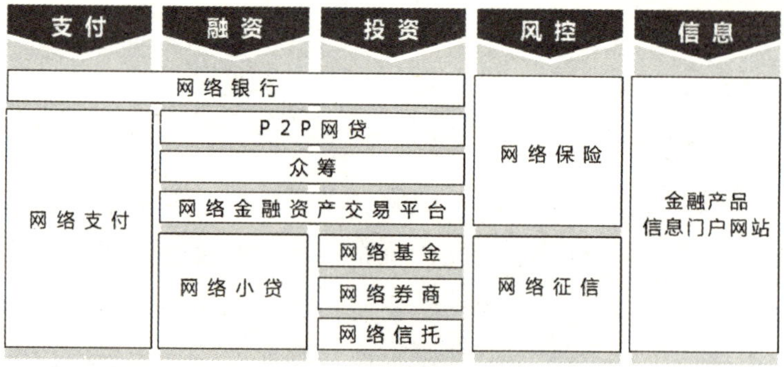

图 1-2　互联网金融生态图

1.2　互联网金融的主战场——小微金融

1. 什么是小微金融

根据维基百科的界定，小微金融主要是指专门向小微企业及中低收入阶层（包括个体户）提供小额度的可持续的金融产品和服务的活动（这里并没有特指以互联网为基础开展业务），是一种对银行主导的传统金融体系的补充。在我国，小微金融的应用范围很广，包括储蓄、贷款、支付、保险、信托、股权融资（创业板、新三板等适合小微企业的板块）等金融服务。

2. 小微金融和互联网金融的联系

小微金融强调的是服务对象，互联网金融强调的是服务形式。在实践中，一方面小微金融和互联网金融的主要服务对象都是小微企业和中低收入阶层个人，另一方面由于互联网金融的线上化、自动化能够有效提高小微金融业务的效率和利润率，所以目前小微金融分为传统的线下小微业务以及以互联网金融为代表的线上小微金融业务。

简而言之，互联网金融主要应用于小微金融，是小微金融的一个重要组成部分。

3. 为什么要发展小微金融

（1）小微企业很重要

小微企业是我国经济发展的重要支柱。国家发改委 2012 年发布的数据显示，中国小微企业创造的最终产品和服务价值相当于 GDP 总量的 60%，纳税约占国家税收总额的 50%，解决了约 75%的就业，贡献了约 50%的税收。另外，根据国家知识产权局的统计，小微企业完成了约 65%的发明专利和约 80%以上的新产品开发。

（2）商业银行对小微企业支持不够

我国金融体系的主力军是（大型）商业银行，其主营业务是吸收公众存款并支付利息，向个人和企业发放贷款并收取利息，从而获取利差。然而，商业银行对小微企业的支持力度不足，造成许多小微企业面临着“融资难、融资贵”的问题。

从商业银行的角度来看，一方面出于保证存款安全性的考虑，倾向于贷款给收入高且有信用记录的个人以及规模较大的（国有）企业；另一方面出于单笔贷款成本（营销、审贷、催收）和利润的考虑，倾向于做期限较长的大额贷款。

从小微企业的角度来看，银行提供的传统对公贷款服务也不符合其经营需求。首先，小微企业的经营贷款具有“期限短（短可借半月，长可借半年）、额度小（从几万元到上百万元不等）、频率高（小微企业互相赊账，因此富余资金少，可能每个月都要借钱周转）、需求急（突发订单，下个月就要交货）”的特点，而银行传统对公贷款期限要求较长（在对公贷款里，短期授信指 1 年以内的授信，中长期则是 1 年以上的授信）、额度要求较高（各银行政策不一，但大型商业银行一般不低于 200 万元）、审查期限较长（可能需要 1 个月）。另外，商业银行对公贷款对于企业本身的要求也比较高，例如，对贷款抵质押物要求不能有二次抵押（如某厂房已经抵押给了另一家银行，但其估值扣除银行贷款额度后还有剩余，以其剩余价值进行抵押）的状况，一些银行在实际操作中还会要求贷款企业不全额使用贷款（如名义贷款 1000 万元，但实际取用的款项不能超过 800 万元，等于企业要多支付利息），以及将企业存款存入贷款银行，给小微企业造成额外负担。目前，小微企业主要的融资方式是民间借贷（往往为高利贷），即向个人或者其他（非金融）企业借钱。

4．国家对小微金融的支持

国务院于 2013 年发布《国务院办公厅关于金融支持小微企业发展的实施意见》，提出创新网络金融服务模式（互联网金融），积极发展小型金融机构

（如村镇银行、贷款公司、民营银行、金融租赁公司和消费金融公司等小微金融主力机构，它们也是互联网金融的生力军），并建立小微企业信用征集体系、评级发布制度和信息通报制度（金融机构贷款给小微企业能够根据信用分数来审贷，这对于互联网金融而言也十分重要）。

中国银行业监督管理委员会（以下简称中国银监会）于2015年发布《关于2015年小微企业金融服务工作的指导意见》，提出银行业小微企业金融服务工作目标“三个不低于”：在有效提高贷款增量的基础上，努力实现小微企业贷款增速不低于各项贷款平均增速，小微企业贷款户数不低于上年同期户数，小微企业申贷获得率不低于上年同期水平。

5．银行小微金融的互联网实践

在小微金融和互联网金融的实践中，商业银行主要是处于被动的地位，无论是业务开展的规模和业务形式的创新均落后于非银行机构，因此本书后面章节主要围绕非银行机构的互联网金融实践来讲解。

开展小微金融业务（主要是小额贷款）的银行业金融机构主要有两种：第一种是大型商业银行，其开展小微金融业务主要是受国家政策推动；另一种是中小型商业银行、地方农商商行、村镇银行、农村信用合作社，由于其传统对公业务和大型国有银行竞争没有优势，因此其服务的对象主要是小微企业。另一方面，2008年的经济危机后，许多大型企业实际上负债累累，甚至是“以贷养贷”（为了防止企业资金链断裂，银行不得不向还未还清贷款的企业提供新贷款），而资质较好的大企业由于各大银行争抢，因此贷款业务利润极低（1年期贷款基准利率才6%）。相比而言，小微企业客户的负债率比较低，还愿意接受较高的利率，因此很多银行主动开展小微业务。

银行通过互联网开展小微金融业务，比较有效的一种模式是网络供应链金融模式，即银行以长期合作且资质较好的大型企业为核心企业，由其为上下游小微供销商企业进行贷款担保，由银行来为这些小微企业的关联业务提供贷款。例如（如图1-3所示），某养鸡场为核心农贸企业的下游供应商，养鸡场赊销鸡肉给农贸企业，并向银行申请贷款购买新的鸡饲料。银行通过线上供应链金融系统，查询核心农贸企业的采购记录以及上游超市的鸡肉销售记录和库存数据，来判断养鸡场资金需求的真实性和市场对鸡肉的需求变化。

如果贷款审查通过，则直接将贷款打给饲料商家，并以核心农贸企业欠养鸡场的钱为担保物。通过这种模式，银行可以批量化、自动化地发放小额贷款，在节省成本的同时较有效地做好风险控制。

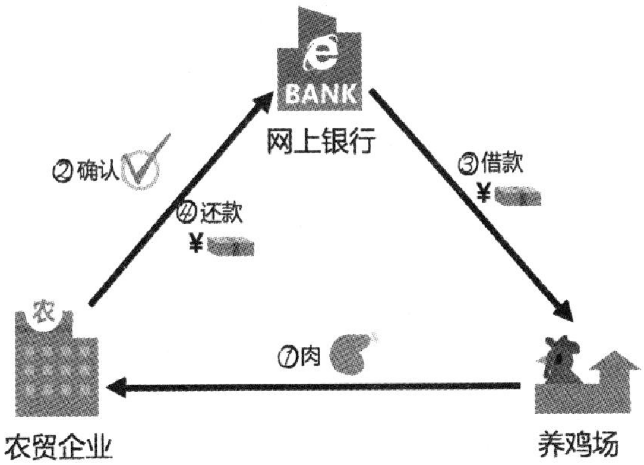

图 1-3　某养鸡场供应链金融模式

请扫描二维码观看视频“信用”。我国正在建设中的个人信用体系，不论是对金融机构业务的健康发展，还是对金融消费者的个人生活，都有着非常大的影响。本视频案例简介了什么是信用历史与信用报告，并向读者提供了维护好个人信用记录的方法。

信用

知识点总结

1. 互联网金融的实践可以分为“金融的互联网”和“互联网的金融”，后者更少依赖实体网点和线下流程。

2. 按照《关于促进互联网金融健康发展的指导意见》，互联网金融分为互联网支付、网络借贷、股权众筹融资、互联网基金销售、互联网保险、互联网信托、互联网消费金融。

3. 总结本书讲述的互联网金融的几大业务如下。

➢ 互联网支付是互联网金融的资金通道。

➢ 网络借贷分为金融机构用自有资金出借、自负盈亏的网络小额贷款和以P2P平台作为中介对接民间借贷双方的P2P网贷。

➢ 股权众筹是松散的投资者出钱当股东；产品众筹是赞助者分担产品研发风险的非股权、非债权的投资行为。

➢ 互联网基金和保险要弄清楚是谁卖的。

➢ 互联网消费金融可用于线上和线下消费活动，但其贷款申请、审核、收付等活动均基于线上进行。

4. 小微金融主要是指专门向小微企业及中低收入阶层提供小额度、可持续的金融产品和服务的活动，包括储蓄、贷款、支付、保险、信托、股权融资等金融服务。互联网金融是小微金融的一个重要组成部分。

5. 小微企业的经营贷款具有“短小频急”的特点。

6. 在供应链金融模式中，银行以长期合作且资质较好的大型企业为核心企业，由其为上下游小微供销商企业进行贷款担保，由银行来为这些小微企业的关联业务提供贷款。

复习与思考

一、多选题

1. 下列关于互联网金融的说法，正确的有（　　）。

A. 就是金融机构通过互联网开展原有业务

B. 互联网金融完全不需要线下环节或实体网点

C. 互联网金融包含除股权、债权投融资以外的投融资方式

D. 参与者包括非金融机构

2. 对于互联网金融的几大主要业务种类，正确的说法有（　　）。

A. 产品众筹是一种债权投资行为

B. P2P 网贷不得从事消费信贷业务

C. P2P 网贷是民间借贷行为

D. 互联网消费信贷与传统消费信贷的区别在于贷款的申请是通过线上还是线下

3. 在下列小微企业贷款的需求特征中，正确的有（　　）。

A. 借款期限短　　B. 借款额度小

C. 需要频繁借款　　D. 对借款利率较敏感

二、思考题

1. 讨论小微金融和普惠金融、扶贫金融之间的联系和区别，以及互联网金融对它们发展的作用。

2. 分析以微众银行为例的新兴互联网银行和传统银行的区别。

CHAPTER 2

第2章 互联网支付

学习地图

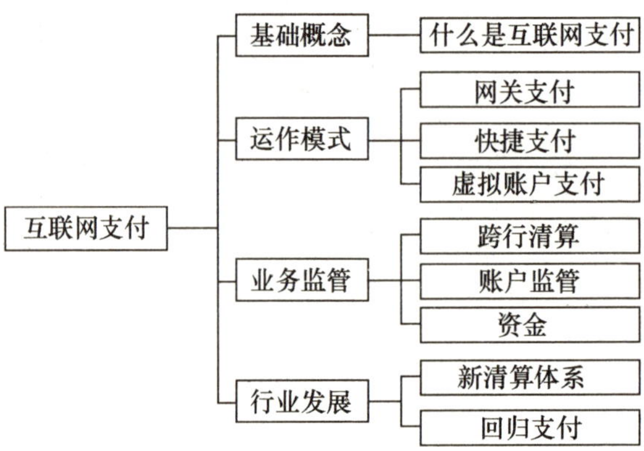

图 2-1 学习地图

学习目标

- 掌握第三方支付的 3 种形式，尤其是虚拟账户
- 了解“两类银行、三类账户”支付模式
- 了解客户备付金的使用要求

2.1 互联网支付概论

1．互联网支付定义

《关于促进互联网金融健康发展的指导意见》指出，互联网支付是指“通过计算机、手机等设备，依托互联网发起支付指令、转移货币资金的服务。”

互联网支付一般可分为银行主导的网银支付以及第三方支付机构主导的第三方支付。目前国内主要的第三方支付机构包括支付宝、财付通、百度钱包等，由于它们业务模式灵活、创新速度快，所以是互联网金融各个领域的主流支付方式。

2．互联网支付的演变——从通道到账户

互联网支付主要分为属于网银支付的网关支付以及属于第三方支付的快捷支付、虚拟账户支付。

（1）网关支付

网关支付是互联网支付最原始的形式。例如，用户在网上购物，选择“网银支付”，网站便将页面导向银行支付网关（如图 2-2 所示）。

图 2-2　网关支付页面

一开始，整个支付的流程完全由银行操控，因此用户需要事先开通网银

功能，而商家也需要跟每一家银行联系开通网关（如图 2-3（a）所示）。与此形成鲜明对比的是，用户在线下刷银联银行卡的时候，不用担心开户行不同的问题，因为有银联作为中介机构进行对接。一些早期的第三方支付机构（由于政府对于第三方支付并没有明确的定义，因此一般将支付业务中非银联的非金融机构称为第三方支付机构）看到这一点，模仿银联的思路建立起“通用网关”（如图 2-3（b）所示）。由于“通用网关”中依然是银行主导（从对客户群本身及其交易信息的掌握方面而言），所以本质上仍是有第三方支付机构参与的网银支付。

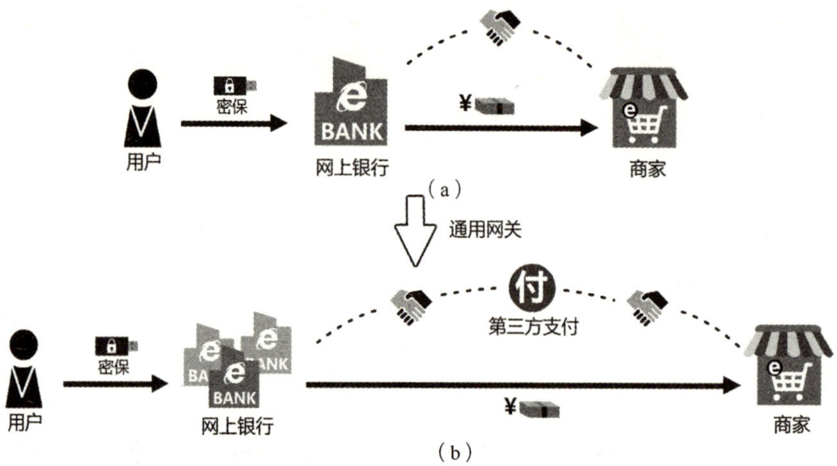

图 2-3　两种网关支付对比

中国最早的此类机构有 1998 年成立的“首信支付”（现称“首信易支付”），是中国首家实现跨银行、跨地域在线交易的网络支付服务平台（2001 年银联也成立其自己的网络支付服务平台“网付通”）。

“通用网关”的支付依然要走网银的流程，对用户而言，网购的体验还是很差。

（2）快捷支付

为了简化支付流程，第三方支付机构和银行及用户签订三方协议，在支付时由第三方支付机构代替网银验证客户身份，并发送扣款指令给绑定银行账户（如图 2-4 所示）。这就叫作“快捷支付”，无需开通网银，操作上也只需输入密码或者手机验证，极大地提高了网络小额支付的便利性（如图 2-5 所示，请注意图中“商户名称”标明是通过“首信易支付”进行交易)。

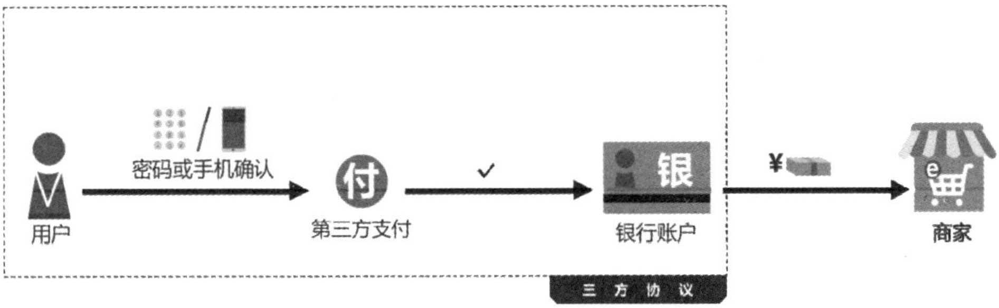

图 2-4 快捷支付流程

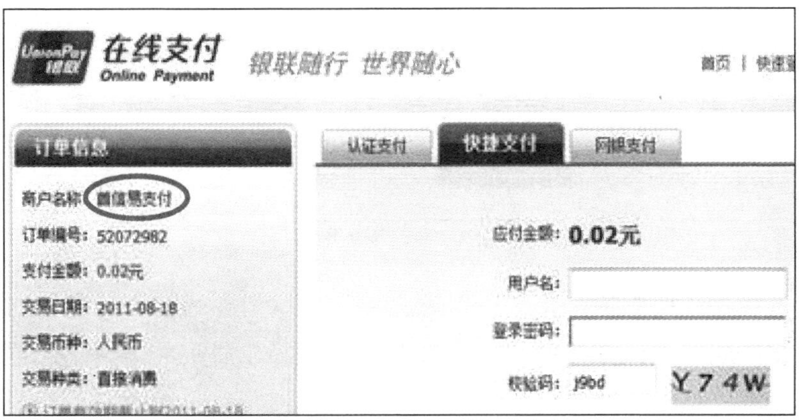

图 2-5 快捷支付页面

快捷支付和网关支付的共同点在于资金均直接由银行转给商家，不同点在于快捷支付中第三方支付机构替代了网银，承担了对接用户和密保的职能。因此，快捷支付是第三方支付业务。

（3）虚拟账户支付

上述两种形式中，第三方支付机构仅起到了一个“通道”作用，网络支付产生的手续费绝大部分都归银行（还有银联，具体后面会讲解）所有，第三方支付机构只赚到了剩余那一小部分。而且，万一用户交了钱，商家不发货怎么办？这个问题直到支付宝的出现才被解决。

淘宝网于 2003 年推出支付宝服务，消费者网购时先把钱交给支付宝保管，支付宝在消费者收到货物后才把钱打给商家。

支付宝的具体资金流转流程如图 2-6 所示。消费者只有 A 银行卡，商家只有 B 银行卡，支付宝在 A、B 银行均有备付金账户，消费者把钱存入支付宝在 A 银行的备付金账户，消费者收到商品后支付宝把自己在 B 银行备付金账户里面的钱转入商家的 B 银行卡。A、B 两个银行间没有跨行转账发生。由于消费者付款和商家收到款之间有个时间差，资金在支付宝的账户上有个“沉淀”的过程，这意味着支付宝不只是有流量的“通道”，而是有存量的“虚拟账户”。

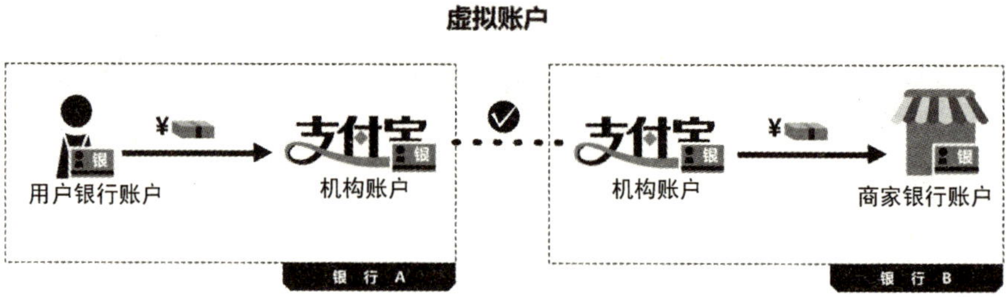

图 2-6 支付宝运作流程

可见在上述流程中，银行已经不直接掌握用户和商家的资金活动了。由第三方支付机构主导并收取手续费绝大部分的“虚拟账户”模式才是第三方支付最有价值的模式，这也是目前最为主流的互联网金融支付模式。

2.2 “虚拟账户”的监管

1. 绕开央行二级支付体系

一个完整的跨行支付包括结算、清算两个环节（如图 2-7 所示）。用户通过网银把钱从 A 银行账户转到 B 银行账户里，网银显示的金额变化是即时的，然而 A 银行并没有把钞票运到 B 银行去，这其实是 B 银行先垫付的，因此 A 银行欠了 B 银行一笔钱，两银行互相算账的过程便是清算，两银行跟用户算账的过程便是结算。

从银联的角度而言，每天 A、B 银行停止营业后，银联通过跨行转账记录算出两银行到底谁欠谁钱，然后划拨双方央行账户的资金填平债务（这也是图 2-5 中有银联的字样的原因）。

央行通过这个“结算-清算”二级支付体系，能够对转账记录进行监督，打击洗钱、诈骗等犯罪活动。

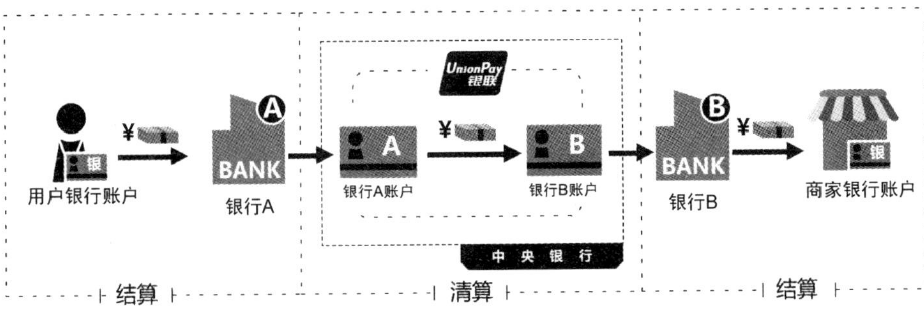

图 2-7　央行主导下的银联清算

这就产生了一个问题，上面也说过，“虚拟账户”模式下没有跨行交易，一切都发生在支付宝自己的账户内，简直是支付宝的“银联化”（对比图 2-6 和图 2-7，是不是感觉很相似？），绕开了央行的清算监管。

支付宝平均每日支付额超过百亿元，年“沉淀”客户备付金已经超过 300 亿元。万一支付宝挪用这些资金，或者说支付宝破产了，这些钱还拿得回来吗？另外就算央行想要监管支付宝，但支付宝这个银行开一个账户，那个银行开一个账户，每个账户用途不透明、不统一，监管不过来怎么办？

2．客户备付金监管

首先，客户备付金是指支付机构为办理客户委托的支付业务而实际收到的预收代付货币资金，凡是不属于“预收待付”，以及虽属于“预收待付”但未实际收到的资金（即在途资金），均不是客户备付金。

央行颁布的《非金融机构支付服务管理办法（2010）》《支付机构客户备付金存管办法（2013）》《非银行支付机构网络支付业务管理办法（2015）》做出了如下规定。

- 第三方支付机构应取得《支付业务许可证》。
- 客户备付金不属于支付机构的自有财产，不得擅自挪用、占用、借用客户备付金，不得擅自以客户备付金为他人提供担保。
- 客户备付金不是银行存款（由银行存管，不同于储蓄，因此不属于储蓄金），不受《存款保险条例》保护，以支付机构名义存放在银行，并且由支付机构向银行发起资金调拨指令。

➢ 支付机构对不能有效证明因客户原因导致的资金损失应及时先行全额赔付。

上述几项规定，虽然提高了支付机构客户备付金的安全性，但依然没有建立起有效的监督制度，即监管机构依然看不清支付机构的内部资金操作。因此，《支付机构客户备付金存管办法（2013）》给第三方支付机构建立起了一种新的“两类银行、三类账户”（如图 2-8 所示）资金周转模式。

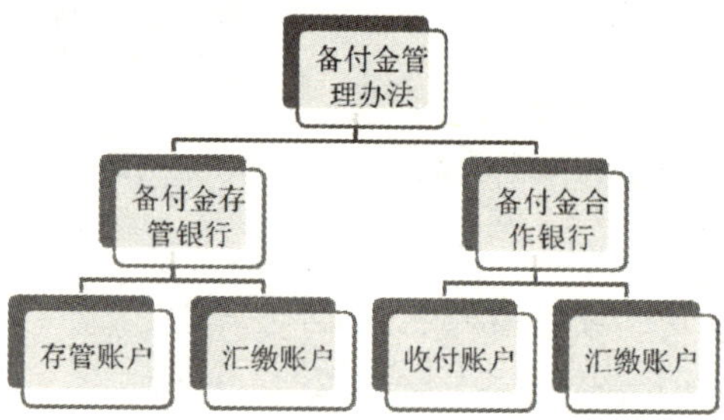

图 2-8 “两类银行、三类账户”结构

如图 2-9 所示，支付机构要在备付金合作银行（A、B）开设备付金收付账户，其可以（跨行）收取资金，但只能向同一银行的用户（消费者、商家）支付，或者在备付金存管账户进行转账。

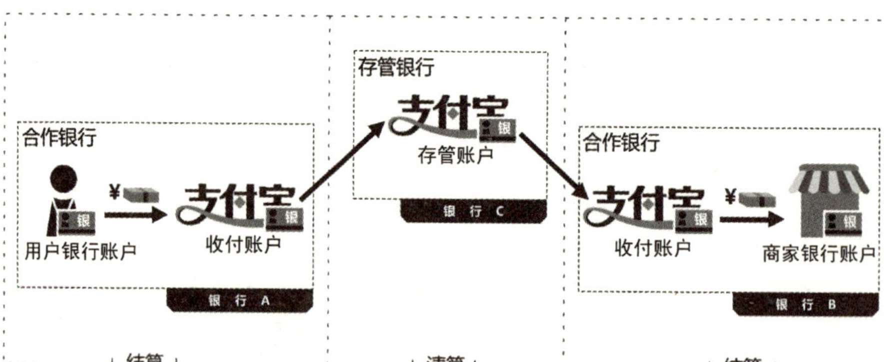

图 2-9 “两类银行、三类账户”的支付宝

支付机构还要选择一个银行（C）作为备付金存管银行（对于“存管”的概念详见 P2P 网络借贷一章，这里可以先理解为带有监督性质的保管），开立备付金存管账户。

备付金存管账户有以下 4 个功能。

a. 同行跨行划款：必须通过此账户来办理跨行付款业务。

b. 结转手续费：将计提的手续费从此账户转入其自有资金账户。

c. 计提风险准备金：按季计提风险准备金，转入在备付金存管银行（或其授权分支机构）开立的风险准备金专用存款账户，用于弥补客户备付金特定损失。备付金收付账户数量越多，风险准备金计提比率越高。

d. 调整不同备付金合作银行的备付金（收付）账户头寸：支付机构每月在存管银行存放的备付金日终余额合计数，不得低于上月所有备付金账户总余额的 50%（即大约 50%的备付金应该存放在存管账户里），确保其有钱可付。

存管账户和收付账户在开户数量上有限制。

存管账户在同一个省（自治区、直辖市、计划单列市）只能选择一个当地的分支机构开立一个账户（如选择中国工商银行作为存管银行，在中国工商银行各省分行分别开设一个账户）。

收付账户在每个合作银行的单个分支机构只能开设一个账户（如几家合作银行在广东省共有 40 家支行，则每家支行最多开设一个收付账户）。

至于汇缴账户，在备付金合作银行或者备付金存管银行都可以开，数量也没有限制，但只能收钱（如果客户通过转账形式转入资金则必须来自同一银行的账户），不能付钱（除了原路退回收款外）。如图 2-10 所示，用户将钱存入支付宝可能是通过汇缴账户，但取钱时（非退款）的钱则来自收付账户。比较特别的是，每日日终账户里的钱转入本行收付账户或是跨行归集到存管账户，汇缴账户里不留余额，因此大大降低了资金被挪用的风险。考虑到汇缴账户数量众多，这个规定对于监管而言十分重要。

上述规定总结起来如图 2-11 所示。

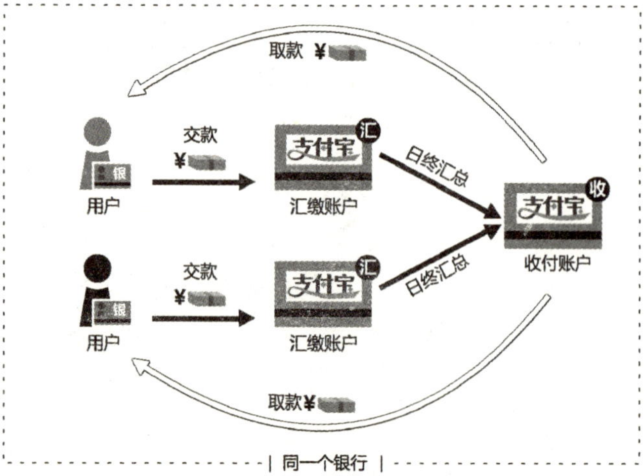

图 2-10 用户向支付宝充钱和取钱

	开户行	数量限制	转账限制	账户余额
存管账户	备付金存管银行	一地开一个	无限制	日终余额不低于上月总备付金额度的 50%
收付账户	备付金合作银行	一个分、支行开一个	如跨行支付只能向存管账户支付	无限制
汇缴账户	备付金存管银行 或 备付金合作银行	无限制	如转账接收客户资金必须是同行的，如转出只能向存管或同行收付账户（除退钱外）进行	日终转入收付、存管账户，清零

图 2-11 “两类银行、三类账户”模式的账户设置

“两类银行、三类账户”从监管的角度而言，具有以下两个方面的意义。

a. 对支付机构能够使用的银行账户（主要是具备付款功能的存管账户和收付账户）进行了开户行、功能、数量等的限制。

b. 通过存管账户嵌入了央行清算环节，如果用户进行跨行付款则必须经过央行清算环节，增加了支付机构跨行资金运作的透明度。银行的备付金存管系统掌握支付公司在自己银行开设的所有备付金账户的每日余额和资金调拨明细，对汇缴账户每日清零，控制收付账户、汇缴账户的跨行转账权限，最终能生成报表报送给央行。

3. 客户备付金怎么处理

前面也提到过，在支付宝模式下，客户备付金在支付宝的银行账户里会有一个“沉淀”的过程。考虑到支付宝现在巨大的资金流量，如果支付机构能够利用这笔资金进行投资，便能够获得极大的收益。

（1）备付金存放规定

《支付机构客户备付金存管办法（2013）》（以下简称《办法》）规定，客户备付金应当主要以活期存款形式存放，支付机构在充分满足办理日常支付业务需要的前提下，可以单位定期存款、单位通知存款、协定存款等方式存放备付金（单位定期存款的存放期限最长为 12 个月；在备付金合作银行以活期存款之外的其他形式存放的客户备付金的期限，不得超过 3 个月）。对于流动性充足、风险控制能力强、经营状况好的支付机构，允许其以“央行认可的其他形式”存放备付金。

（2）备付金利息归属规定

央行在《支付机构客户备付金存管办法（2013）》的记者会上表示，客户备付金利息归属问题较为敏感、争议大，在前期征求意见及专家论证过程中，各方意见分歧明显。一种意见认为，如果向客户返还利息，支付机构有吸收存款嫌疑，也存在操作难度，同时支付机构业务发展也需要支持，建议《办法》明确备付金利息归属支付机构；另一种意见反对备付金利息归属支付机构，认为《办法》明确客户备付金权属关系为客户，而非支付机构，为此产生的利息应归客户，由支付机构占有应视作其不当得利。《办法》回避了利息归属问题。实践中，由支付机构和客户通过协议约定明确备付金利息归属问题。

2016 年 10 月 13 日，国务院办公厅公布了《互联网金融风险专项整治工作实施方案》，其中提到“非银行支付机构不得挪用、占用客户备付金，客户备付金账户应开立在人民银行或符合要求的商业银行。人民银行或商业银行不向非银行支付机构备付金账户计付利息，防止支付机构以‘吃利差’为主要盈利模式，理顺支付机构业务发展激励机制，引导非银行支付机构回归提供小额、快捷、便民小微支付服务的宗旨”。

2.3 发展方向

1．第三方支付机构回归“支付”本位

截至 2016 年，第三方支付渗透了互联网金融的各个领域，其许多业务游

走于政策监管的边缘。例如，许多 P2P 网络借贷平台对外宣称将客户资金托付给第三方支付机构进行存管/托管，来宣传投资的安全性。

《关于促进互联网金融健康发展的指导意见》提到：

➢ “互联网支付应始终坚持服务电子商务发展和为社会提供小额、快捷、便民小微支付服务的宗旨。”

➢ “除另有规定外，从业机构应当选择符合条件的银行业金融机构作为资金存管机构，对客户资金进行管理和监督，实现客户资金与从业机构自身资金分账管理。”

2015 年 12 月，央行发布《非银行支付机构网络支付业务管理办法》，其中规定：

➢ “支付机构不得为金融机构，以及从事信贷、融资、理财、担保、货币兑换等金融业务的其他机构开立支付账户。”

➢ “支付机构不得经营或者变相经营证券、保险、信贷、融资、理财、担保、信托、货币兑换、现金存取等业务。”

➢ 个人支付账户根据实名制验证程度分为 I、II、III 三类支付账户，规定如下（如图 2-12 所示）。

	实名验证形式、数量要求	账户余额使用权限
I	非面对面×1 首次在本机构开支付账户	消费+转账，累计不超过1000元
II	面对面 或 非面对面×3	消费+转账，不超过10万元/年
III	面对面 或 非面对面×5	消费+转账+理财，不超过20万元/年

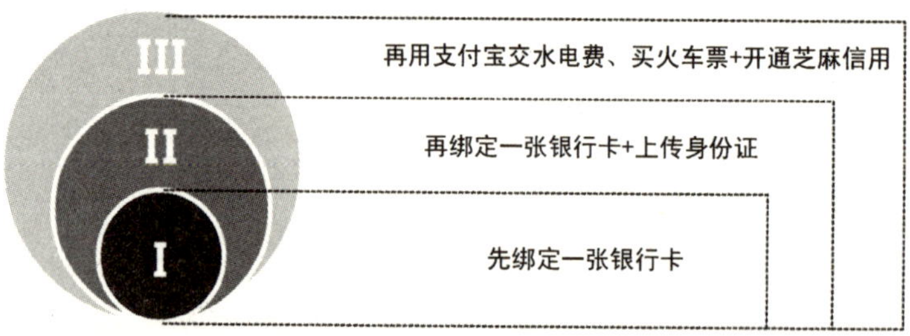

图 2-12 三类账户规定与实名验证案例

➢ “支付机构采用不包括数字证书、电子签名在内的两类（含）以上有效要素进行验证的交易，单个客户所有支付账户单日累计金额应不超过 5000 元（不包括支付账户向客户本人同名银行账户转账）。”

上述规定的意图是让第三方支付机构去除资金沉淀与清算功能，回归小额的纯支付管道，例如，放弃第三方存管/托管的业务，仅作为用户支付的渠道。但在实践中，资金存管/托管业务由于要求高、利润薄，很多银行开展此类业务的热情不高，所以有一些支付机构和商业银行合作开展“联合存管”，支付机构提供账户系统、支付结算、数据运营等服务，银行则为互联网金融平台开立资金存管账户，按独立存管专户进行监管，对相关业务进行备案管理。

案例链接

2016 年 8 月，中国银监会下发了《网络借贷资金存管业务指引（征求意见稿）》，文件中有 3 点值得引起注意。

首先，文件对网络借贷资金存管业务进行了定义，是指“银行业金融机构作为存管人接受网络借贷信息中介机构的委托，按照法律法规规定和合同约定，履行网络借贷资金专用账户的开立与销户、资金保管、资金清算、账务核对、信息披露等职责”的业务。

其次，文件提出存管银行“应对客户资金履行监督责任，不应外包或由合作机构承担，不得委托网贷机构和第三方机构代开出借人和借款人交易结算资金账户”，即否定了本章所讲述的“联合存管”模式。

最后，文件提出“在网络借贷资金存管业务中，除必要的披露和监管要求外，委托人不得用‘存管人’做公开营销宣传”，即现在各 P2P 平台都不能宣传“我们的资金存管在××银行，因此很安全”。

考虑到此文件只是意见稿，因此只提供参考作用。

（消息来源：澎湃新闻）

另外，中国人民银行对于规定中“不超过 5000 元”的解释是国内代表性支付机构在 2014 年网络支付业务中，使用支付账户余额进行各类消费、转账、理财的 80.12%的个人客户在 2014 年全年累计付款额不超过 5000 元，因此支付机构的小额支付业务实际上没有受到影响。

总而言之，安全与效率本身是矛盾的。银行支付对应大额安全，第三方支付对应小额便利，这是互联网支付稳定发展的保证。

2. 第三方支付业务对银联的冲击

（1）银联的角色

中国银联是指中国的银行卡联合组织，其通过银联跨行交易清算系统，保证银行卡跨行、跨地区和跨境使用。银联的收入主要来自于线上、线下的通道费。以其线下收单业务为例，实行“721”分成制度（70%归发卡行，20%归收单机构，10%归银联），这也是银联的主要收入来源。由于本书针对互联网金融来教学，因此这里主要讨论第三方支付对于银联线上业务通道费收入的影响。

（2）“虚拟账户”的影响

虚拟账户模式下第三方支付的网络支付业务，可以选择绕开银联的清算系统，直连建立了合作关系的银行（支付宝、财付通等议价能力强的主流支付机构一般通过和个别银行谈判建立低费率直连通道。目前第三方支付机构向主要银行支付的手续费大约在 0.1%，远远低于银联网络内的 0.3%）。

（3）“网联”的出现

《互联网金融风险专项整治工作实施方案》规定，非银行支付机构（第三方支付机构）不得连接多家银行系统，变相开展跨行清算业务。这是否意味着银联将得以插手线上支付业务，从中分一杯羹？不一定！2015 年 4 月，国务院发布《国务院关于实施银行卡清算机构准入管理的决定》，提出符合要求的机构可申请“银行卡清算业务许可证”，在中国境内从事银行卡清算业务。这意味着在中国清算市场银联一家独大 13 年的局面被打破，中国银联将告别垄断时代。

2016 年 8 月，媒体报道由央行牵头成立，中国支付清算协会参与筹建的线上支付统一清算平台（简称“网联”）的整体方案框架已经成型并获央行通过，当时计划2016年年底建成。据报道，网联在功能上与银联类似，但主要针对非银行支付机构发起的网络支付业务以及为支付机构服务的业务，满足网络支付跨行资金清算处理的需求。

网联的出现是央行准备切断第三方支付机构直连银行模式，使支付和清算独立开来的信号。从效率的角度考虑，第三方支付机构与网联一点接入，即可接入所有银行，可大幅度缓解支付机构独立建设清算系统的成本问题（参考前面的“通用网关”）。网联为所有第三方支付企业提供同样标准的服务，抹平了支付企业之间实力差异带来的安全性和透明度不同的问题，实现了整个互联网支付清算体系效率和安全的平衡，也为客户备付金统一存管提供了技术支持。

网联未来可能会成为银联最大的对手。但业内有一种看法认为，目前支付宝、财付通等主流支付机构凭借其自身地位，可和各银行自行商议有利的费率；而银联的价位制定则有政府参与指导，且所有银行、支付机构一视同仁，如果不能够掌握足够的议价能力，争取到优惠的费率来吸引主流支付机构，那么网联就难以发展壮大。

请扫描二维码观看视频“第三方支付VS移动支付”。“第三方支付”和“移动支付”是两个经常被同时提及且容易被混淆的概念。本视频案例以移动支付为核心，讲述了两者的区别与联系。

第三方支付VS移动支付

知识点总结

1. 主要的支付业务对比如表2-1所示。

表 2-1 主要支付业务的对比

<table>
<tr><th></th><th>分类</th><th>开通网银</th><th>央行清算系统</th><th>第三方账户资金沉淀</th></tr>
<tr><td>原始网关支付</td><td rowspan="2">银行</td><td rowspan="2">需要</td><td rowspan="3">经过</td><td rowspan="3">无</td></tr>
<tr><td>通用网关支付</td></tr>
<tr><td>快捷支付</td><td rowspan="3">第三方支付</td><td rowspan="3">不需要</td></tr>
<tr><td>原始虚拟账户支付</td><td>不经过</td><td rowspan="2">有</td></tr>
<tr><td>“两类银行、三类账户”模式</td><td>（跨行业务）经过</td></tr>
</table>

2.“两类银行、三类账户”模式的账户设置如表 2-2 所示。

表 2-2 账户设置

	开户行	数量限制	转账限制	账户余额
存管账户	备付金存管银行	一地开一个	无限制	日终余额不低于上月总备付金额度的 50%
收付账户	备付金合作银行	一个分、支行开一个	如跨行支付只能向存管账户进行	无限制
汇缴账户	备付金存管银行 或 备付金合作银行	无限制	如转账接收客户资金必须是同行的，如转出只能向存管或同行收付账户进行（除退钱外）	日终转入收付、存管账户，清零

3. 假设某支付公司以中行作为存管银行，以工行、农行作为合作银行，则图 2-13 是其在某省的账户结构的一种可能状况。

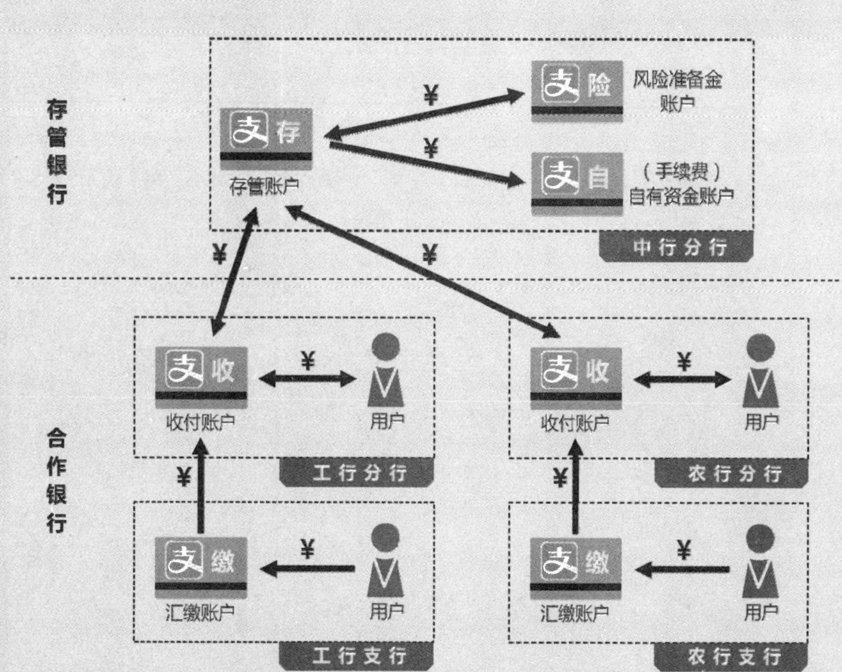

图 2-13 支付公司账户结构

4. 客户备付金是指支付机构为办理客户委托的支付业务而实际收到的预收代付货币资金，不属于“预收代付”以及虽属于“预收代付”但未实际收到的资金（即在途资金）不属于客户备付金。

5. 对于客户备付金的管理，主要有以下几点规定。

➢ 客户备付金不属于支付机构的自有财产，不得擅自挪用、占用、借用客户备付金，不得擅自以客户备付金为他人提供担保。

➢ 客户备付金不是银行存款，不受《存款保险条例》保护，以支付机构名义存放在银行，并且由支付机构向银行发起资金调拨指令。

➢ 客户备付金主要以活期存款形式存放，支付机构在充分满足办理日常支付业务需要的前提下，可以单位定期存款、单位通知存款、协定存款等方式存放备付金。人民银行或商业银行不向非银行支付机构备付金账户计付利息。

➢ 按季和备付金收付账户数量计提风险准备金。

6. 3类账户规定如表2-3所示。

表2-3 3类账户

	实名验证形式、数量要求	账户余额使用权限
Ⅰ	非面对面×1 首次在本机构开支付账户	消费+转账，累计不超过1000元
Ⅱ	面对面 或 非面对面×3	消费+转账，不超过10万元/年
Ⅲ	面对面 或 非面对面×5	消费+转账+理财，不超过20万元/年

复习与思考

一、多选题

1. 关于第三方支付机构主导的支付业务，正确的说法有（　　）。

A. 通用网关模式中，使用者无需事先开通网银

B. 快捷支付可以使用未开通网银的银行账户

C. 非“两类银行、三类账户”的虚拟账户模式下，用户跨行付款需要经过央行清算系统

D. “两类银行、三类账户”的虚拟账户模式下，用户跨行付款必须经过央行清算系统

2. 下列关于“两类银行、三类账户”模式的账户设置的要求中，正确的有（　　）。

A. 一个支付机构只能开设一个存管账户

B. 必须开在备付金合作银行的账户包括收付账户和汇缴账户

C. 汇缴账户日终不能留有余额，必须转入收付账户或存管账户

D. 收付账户和汇缴账户均可实现跨行转账

3. 假设某第三方支付机构以中国银行为备付金存管银行，以农业银行和工商银行为备付金合作银行，在下面几种账户设置或资金流动情况中，不违反“两类银行、三类账户”模式要求的是（　　）。

A. 客户A地工行支行储蓄账户——A地工行支行汇缴账户——A地农行分行收付账户——商家A地农行分行储蓄账户

B. 客户A地工行支行储蓄账户——A地工行支行汇缴账户——A地工行分行收付账户——A地中行分行存管账户——B地农行分行收付账户——商家B地农行分行储蓄账户

C. 工行在A地有4家支行，支付机构在其中共开有7个汇缴账户

D. 支付机构在A地工行分行开有一个收付账户和一个汇缴账户

4. 关于备付金保管和使用的规定，以下正确的是（　　）。

A. 客户备付金虽然由银行存管，但不受《存款保险条例》保护

B. 客户备付金以交费用户的名义存在银行账户里

C. 客户备付金主要以活期存款、单位定期存款、单位通知存款、协定存款等方式存放，任何支付机构不能以其他方式存放

D. 备付金收付账户越多，风险准备金计提比例越高

二、思考题

1. 通过搜索互联网金融新闻、查看互联网金融网站（P2P、众筹等）对于业务的说明，来预习互联网金融各个领域中对于第三方支付的应用。

2. 根据《非银行支付机构网络支付业务管理办法》关于Ⅰ、Ⅱ、Ⅲ账户的具体区别，对自己的支付宝、微信等支付账户进行分类。

CHAPTER 3

第3章 P2P网贷

学习地图

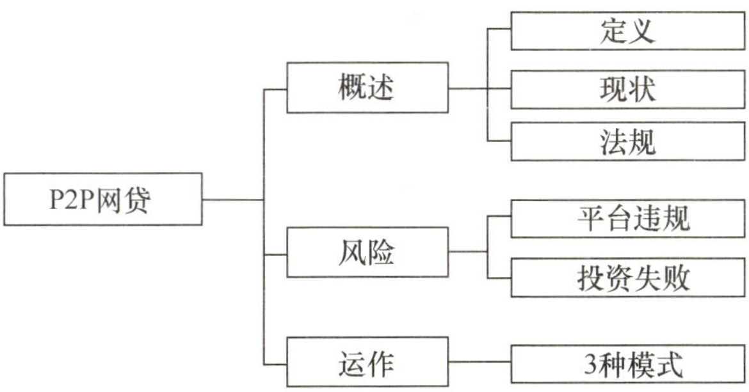

图 3-1 学习地图

学习目标

- 掌握 P2P 的监管政策,判断哪些 P2P 平台和业务是合规的
- 掌握关于资金运作方面的规定,规避法律风险
- 了解项目调查、贷款担保、债权回收等风控知识
- 能够分析实践中各 P2P 平台业务的运作原理并判断其类型

3.1 P2P 网贷概述

1. P2P 网贷是什么

图 3-2 所示为解释 P2P 网贷的生动漫画。

图 3-2 “牛角尖”财经公众号漫画《P2P 融资》

图 3-2 “牛角尖”财经公众号漫画《P2P 融资》（续）

图 3-2 “牛角尖”财经公众号漫画《P2P 融资》（续）

《关于促进互联网金融健康发展的指导意见》指出，网络借贷包括个体网络借贷（即 P2P 网络借贷）和网络小额贷款（小贷公司网贷），其中 P2P 网贷是指个体和个体之间通过互联网平台实现的直接借贷，属于民间借贷（民间借贷泛指金融机构以外的自然人、法人及其他组织等经济主体之间的资金借贷活动，是得到法律承认的正当经济行为，如你向朋友借钱就属于民间借贷）。P2P 平台要明确信息中介性质，主要撮合借贷双方的直接借贷，不得为借贷提供担保或承担损益，不得为平台自身或关联企业进行融资（如图 3-3 所示）。

	P2P网络借贷	网络小额贷款	网络银行贷款
经营机构	P2P网贷平台	小额贷款公司	商业银行
业务性质	民间借贷	（暂不明确）	金融机构贷款
资金来源	P2P投资者	股东缴纳资本金 其他金融机构融入资金	居民、企业储蓄存款
机构性质	不承担投资风险的信息中介	承担投资风险的非金融机构	承担投资风险的金融机构
网络借贷	是		否
资金管理	第三方存管 不经过平台	由经营机构保管和使用	
贷款用途	政策鼓励以中小微企业经营贷款为主 不禁止个人消费贷款		中小微企业贷款 个人消费贷款

图 3-3　P2P 网络借贷的特征

根据第 1 章提到的定义，P2P 网贷属于“互联网的金融”，小贷公司网贷属于“金融的互联网”。由于 P2P 网贷更加复杂，且目前面临较多的争议，因此是本章讲解的重点。

2．P2P 网贷的国内发展

我国 P2P 发展历史如图 3-4 所示，可以看到国内 P2P 行业的兴盛是伴随着各种各样的监管问题的，而行业监管措施也在不断地完善之中。

3．P2P 网贷利息可以有多高

目前我国法律对于高利贷并没有明确的认定，但《中国人民银行关于取缔地下钱庄及打击高利贷行为的通知》提出：“超过中国人民银行公布的金融机构同期、同档次贷款利率（不含浮动）的 4 倍”的利率可被认定为高利贷。从法律的角度上来讲，超出部分的利息并不违法，但不受法律保护。

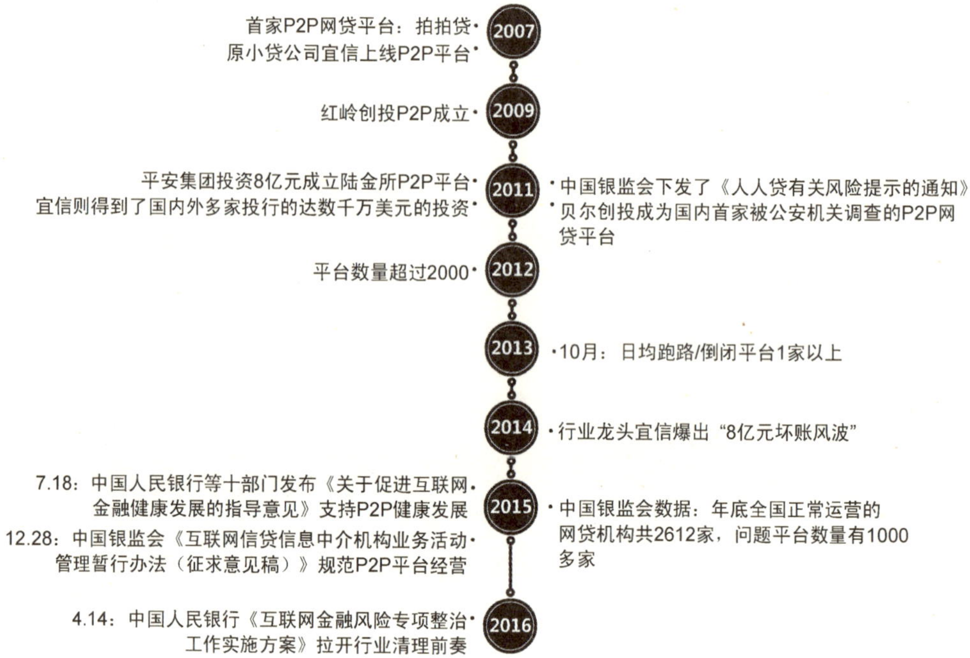

图 3-4 中国 P2P 行业发展历史轴

2015 年 8 月 6 日，最高人民法院发布了《最高人民法院关于审理民间借贷案件适用法律若干问题的规定》(以下简称《规定》)，其中对于民间借贷利率的法律认定提出了新的解释（如图 3-5 所示）。

图 3-5 法院判决民间借贷利息归属标准

3.2 P2P 投资的资金安全

1. 平台挪用借贷资金风险

P2P 借贷的资金流动通过网络支付来实现，而投资者和借款人的信息是由

P2P 平台来掌握的。因此，P2P 平台可能将投资资金挪作他用，尤其是用于资金池业务。

所谓资金池就是一个资金的蓄水池，投资者是进水管，借款人是出水管，即分散的投资者的资金进入了机构统一的账户中进行运作（如图 3-6 所示）。资金池是银行等存款类金融机构的主要运作模式，储户把自己的钱交给银行就不管了，银行自己决定存款应该贷款给谁。可见，经营资金池的 P2P 平台已经从信息中介演变为银行一类的信用中介。

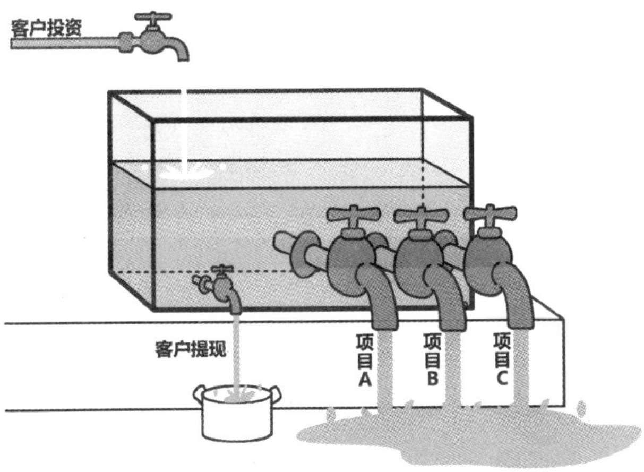

图 3-6　资金池

经营资金池业务可能会产生以下两种风险。

① 流动性风险

以银行为例，银行每天有大量存款流入现金，同时也有大量贷款和提现流出现金。如果储户突然一拥而上去提款，银行可能没有足够现金来支付，这就是流动性风险。如果只是一家、两家银行发生流动性风险，则可通过银行间市场拆借解决；如果多家银行同时发生流动性风险，则央行会通过各种政策干预。

然而，网贷行业没有政府信用进行担保，没有同业拆借可以救急，运行资金池一旦发生流动性风险便很难解决。

② 金融骗局风险

最常见的金融骗局是庞氏骗局，即骗子公司用新投资者的资金来偿付旧投资者，等资金断流后骗局暴露。目前在实践中，一些平台往往承诺保证投资收益，但实际上偿付投资者的资金来自于其他投资者，一旦赔得多了平台便无资金可付（这也是为什么法律法规禁止 P2P 平台为项目提供担保）。更有甚者，直接把资金池里的钱提光卷款跑路。

案例链接

在实践中，很多 P2P 平台由于涉嫌违规资金操作导致资金短缺，发生投资者兑付困难的问题。这些平台最终或跑路或倒闭，但其中一些平台在兑付困难时，曾经使出各种有“创意”的招式来应付兑付的问题。

2016 年 6 月 1 日，P2P 平台××声称，由于公司资金周转困难，现“以酒兑付”（7 成还钱 3 成还酒，一瓶酒抵 1 万元）。5 天后××法人被刑事拘留，有关部门称其运营 3 年非法集资 24 亿元，目前仍有 2.8 亿元无法兑付。

这一类策略其实早就是一些 P2P 平台用惯了的伎俩了，以前还出现过“以树兑付”“以蒜兑付”的例子。编者认为，一种比较可能的情况是，平台经营者违规挪用投资者资金进行商品期货投资，失败后将没什么价值的期货商品甩手抵债。且不说挪用资金的问题，如果 P2P 平台抵债用的标的物是自己投资的商品，那么平台其实还涉嫌“自融”。

（资料来源：《北京商报》）

2．建立独立资金通道防挪用

要确保 P2P 平台不挪用投资者资金，最关键的是建立安全的资金流通机制，让 P2P 平台没有挪用的机会。目前国内网贷平台的资金流通主要有以下 3 种类型。

（1）资金“裸奔”型

资金“裸奔”指投资者先将资金打入网贷平台的自有账户（如图 3-7 所示），资金会暂时处于平台的掌控之下，然后网贷平台再根据投资者的项目选择将资金打入借款人账户。

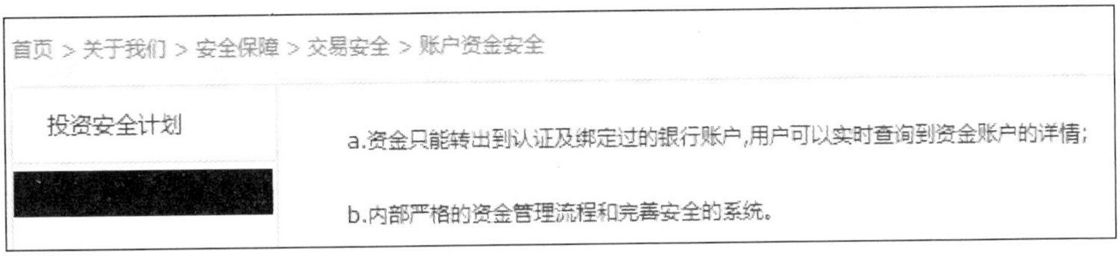

图 3-7 “裸奔”平台截图

（2）资金第三方存管

所谓第三方存管，是指借贷双方的资金往来均通过第三方机构（银行或第三方支付机构）进行，不通过平台自身的账户。最常见的模式是投资者和借款人均在第三方存管机构开户，借款阶段网贷平台撮合借贷双方后通知存管机构将投资者的资金转入借款人的账户中（如图 3-8 所示），还款阶段资金通过存管机构依原路返回（如图 3-9 所示）。

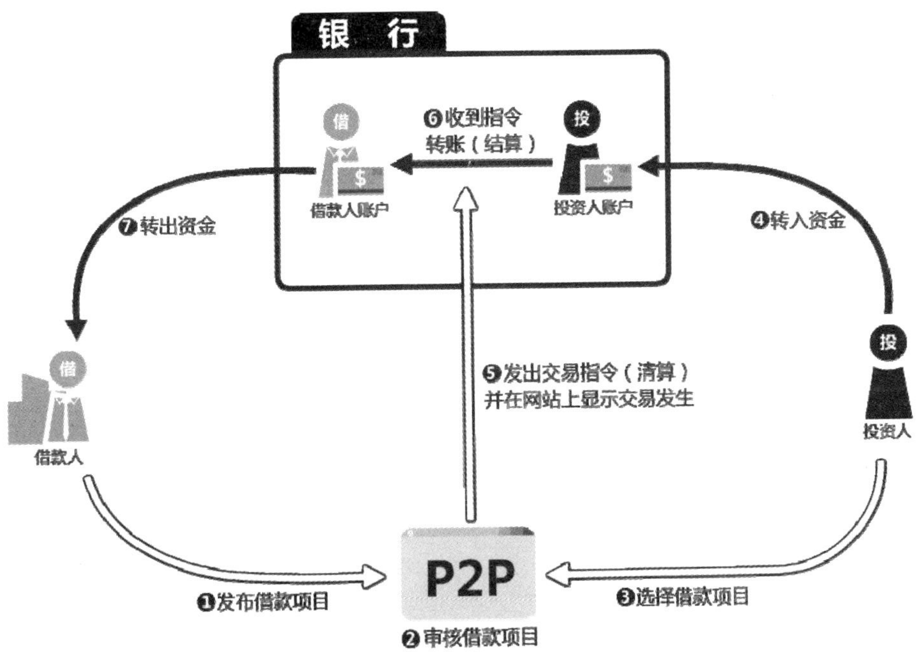

图 3-8 （银行）第三方存管在 P2P 借钱阶段

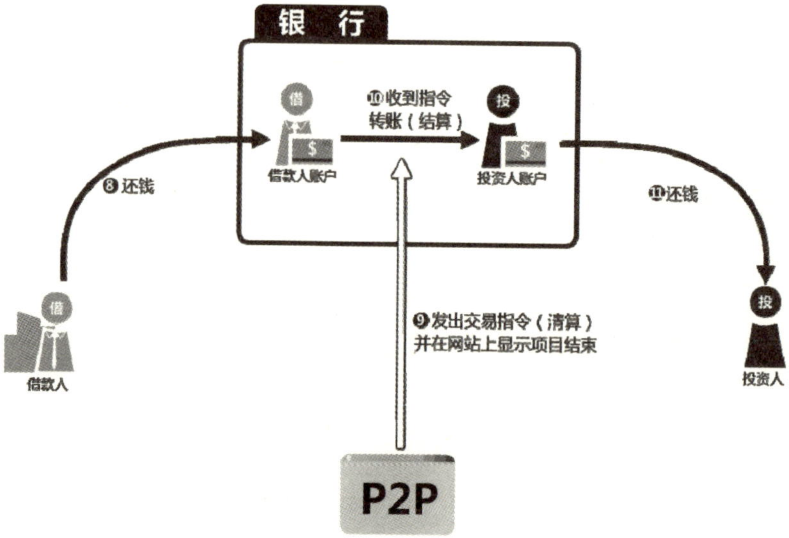

图 3-9 （银行）第三方存管在 P2P 还钱阶段

资金第三方存管的优点主要有以下两点。

➢ 隔离客户交易资金和平台自有资金，降低平台截留借款风险。

➢ 资金往来交易相对透明，第三方存管机构能提供记录。

资金第三方存管的缺点主要有以下两点。

➢ 平台可能发出虚假指令指示存管机构将资金发往非借款人账户，甚至可能假冒借款人伪造借款项目。

➢ 第三方存管机构可能挪用资金。

在这种模式下，第三方机构不承担监督资金流向的义务，仅仅作为资金通道承担保管义务，无法阻止 P2P 平台通过作假挪用资金，因此 P2P 平台并未真正与客户资金隔离。

（3）资金第三方托管

资金托管和存管的操作原理本质上一样，但差别在于托管机构有监管资金流向的责任（图 3-8 中的步骤⑥和图 3-9 中的步骤⑩），整个过程对资金账户进行监控，并定期出具报告，以证实资金用途是专项用于借贷交易。资金第三方托管虽然提高了网贷资金的安全性，但存管模式下的其他缺点依然存在。

2014 年 9 月 27 日，中国银监会创新监管部曾首次提出 P2P 十大监管原则，其中包括贷款人和投资者的资金要进行第三方托管，不能以存管代替托管。

但如上述所言，目前法律政策规定网贷平台应该采用银行第三方存管。这其中可能是考虑到 P2P 行业风险较大，而托管将一部分风险转嫁到银行，且托管的实际操作难度比存管要大，因此暂时以存管为准。

案例链接

2014 年 3 月 14 日，运营了 3 年的×宝投资宣布被公安机关“停业整顿”，成为第一家被立案侦查的“老牌”P2P 平台。

×宝投资“停业整顿”的主要原因是平台自融，经公安机关初步查明，自 2011 年 2 月以来，作为×宝投资实际控制人的犯罪嫌疑人周某利用“×宝投资”网站，以开展 P2P 网络借贷为名，以高息为诱饵，对外发布含有虚假借款人和虚假借款用途等内容的贷款信息，向全国各地公众大量吸收资金。

×宝投资并没有实行第三方存/托管，投资者资金进入的是周某的个人银行账户，其仅 2013 年至今用以购买车辆等高档消费品的金额就超过 2200 万元。目前，周某因涉嫌“非法吸收公众存款罪”被人民检察院批准逮捕。

（资料来源：《证券日报》）

3．判断平台有无第三方存/托管

案例链接

我们通过几家平台的截图来介绍一下 P2P 平台常用的误导投资者的手段。

如图 3-10 所示，腾讯财付通实际上只有支付功能和风险备付金（P2P 平台用来赔付投资者的自有资金）存管功能，并不对投资者的交易资金进行存管。

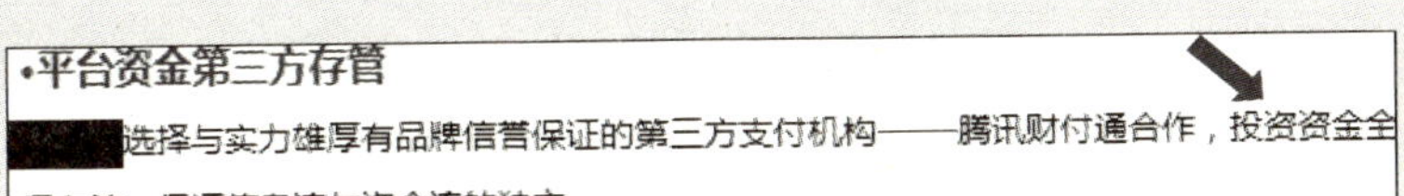
•平台资金第三方存管

选择与实力雄厚有品牌信誉保证的第三方支付机构——腾讯财付通合作，投资资金全权存管，保证信息流与资金流的独立。

图 3-10　不合格存管机构

如图 3-11 所示，此平台用“代付代收”等类似字眼来代替“存/托管”，实质上没有提及第三方存/托管。另外，此平台没有提及到底是和哪家第三方机构合作。（编者曾发现某个平台宣称有银行托管，点了“详细信息”进去看具体和谁合作，结果页面显示“404 Not Found”，因此无从查证。）

一、第三方账户代付代收：

平台是以债权转让模式(流转标)运作。首先我公司与借款人构成债权债务的关系资人将资金充入第三方支付(代收)进行对债权的购买，平台不动用、不挪用第三方资金,由借款人先将我公司垫付的资金进行退回,退回后我司发指令给第三方,将债权转让成功的资金付的本金进行周转,那么债权转让资金一直会在第三方平台不能动用、不能挪用)……

图 3-11 “偷梁换柱”

如图 3-12 所示，此平台宣传实施银行托管，然而在描述时只提到了支付结算功能，根本不是托管，何谈监督？

实施资金托管与监管

平台借助国有银行实现了交易资金的在线直接支付结算功能，有效防范平台自身道德风险。

图 3-12 与实际内容不符

如图 3-13 所示，虽然平台宣称有银行托管，但托管的是风险备付金，而不是投资者交易资金，所以没有意义。

金服风险金监管报告

为充分保障用户的利益，更好地进行自律监管，为用户提供更加安全、便捷、自由的投资环境，金融信息服务有限公司（以下简称）与平安银行股份有限公司（以下称“平安银行”）就金服风险备用金托管达成合作，并正式签署托管协议。平安银行会对金服的风险备用金专户资金进行认真、独立的托管，并针对风险备用金专户资金的实际进出情况每月出具托管报告。金服会每月公布风险备用金的情况，供用户监督。

图 3-13 内容误导

P2P 平台各种不正规现象乱象丛生，本书就不一一列举了。编者甚至见过平台宣传银行托管，结果注册至最后一步时需要用户到第三方支付机构去开托管账户的情况。

防骗手段总结如下。

a. 对宣传中提及的第三方存/托管机构，核实信息源，一般可以拨打第三方存/托管机构的官方电话进行验证。

b. 甄别平台所使用的服务类别，是否将支付通道服务混淆为资金存/托管服务。很多平台并没有实质进行资金托管，资金流动的实际操作还是在平台上。

c. 投资人在注册平台账号后，看是否还要求去注册相应的第三方存/托管机构的账号。注册了第三方机构的账号后，一定会出具一份由投资人签署的、电子或纸质的账号协议文件供本人确认。投资人可再将自己的账号信息输入到相应的第三方机构官方平台以查实验证。

案例链接

这是一个和资金存/托管无关，但依然会就平台资质误导消费者的案例。民政部曾经曝光了"山寨社团"名单，其中有"中国互联网金融行业协会"，名称和由中国人民银行会同中国银监会、中国证券监督管理委员会（以下简称中国证监会）、中国保险监督管理委员会（以下简称中国保监会）等国家有关部委组织建立的国家级互联网金融行业自律组织"中国互联网金融协会"名称十分相近，但其实是私人成立的协会。如果大家遇到 P2P 平台宣传自己是其所属的会员/理事单位一定要注意分辨。

（资料来源：http://www.mca.gov.cn/article/zwgk/mzyw/201604/20160400000022.shtml）

4. **P2P 平台信息披露**

2016 年 8 月 24 日，中国银监会、工业和信息化部、公安部、国家互联网信息办公室联合发布《网络借贷信息中介机构业务活动管理暂行办法》（以下简称《P2P 网络借贷办法》），做出了如下规定。

- "网络借贷信息中介机构应当在其官方网站上向出借人充分披露借款人基本信息、融资项目基本信息、风险评估及可能产生的风险结果、已撮合未到期融资项目资金运用情况等有关信息。"
- "网络借贷信息中介机构应当及时在其官方网站显著位置披露本机构

所撮合借贷项目等经营管理信息。”

➢ “网络借贷信息披露具体细则另行制定。”

5．P2P 平台融资限额

《网络借贷信息中介机构业务活动管理暂行办法》对单一的个体、自然人和单一组织、法人在单个和多个 P2P 平台的借款上限进行了规定（如图 3-14 所示），这对 P2P 行业“小额分散”发展方向起到了促进作用。

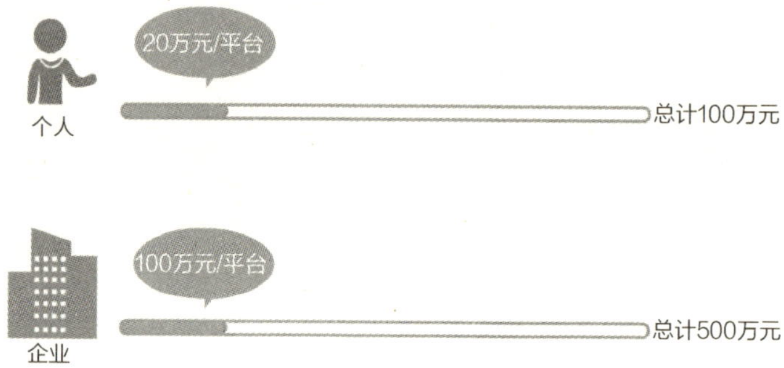

图 3-14 P2P 融资上限规定

6．正确认识 P2P 投资风险

P2P 网贷平台上的投资项目具有天生的高风险性（如图 3-15 所示），一方面借款人资质较差（对比银行的客户），另一方面平台的风险容忍度较高（信息中介不承担投资损益）。

	银行传统对公信贷	小贷公司	P2P平台
常见贷款额度	500万元以上	500万元以下	100万元以下
常见贷款期限	一年以上	一年以下	
借款人资质要求	高，注重资金安全	低，强调收益覆盖风险	投资人自行决定
贷款利率	低，受到严格管制	高，无硬性规定	
贷款担保要求	一般要求提供合格抵质押物及第三方信用担保	对抵质押物要求较低，纯信用贷款较多	
贷款审批流程	强调单笔贷款安全性	强调低成本、高效率	

图 3-15 P2P 贷款特征

为了吸引投资者，P2P 网贷平台需要对借款人的资信进行说明，让投资者清楚投资项目的风险程度（如图 3-16 所示）。

关于 P2P 平台提供的评级机构评分，编者提醒投资者，有部分评级机构和 P2P 平台串通弄虚作假。例如，编者曾经见过某 P2P 平台和其合作的评级机构背后为同一控制人（可以去当地工商局网站查询双方企业注册信息）。

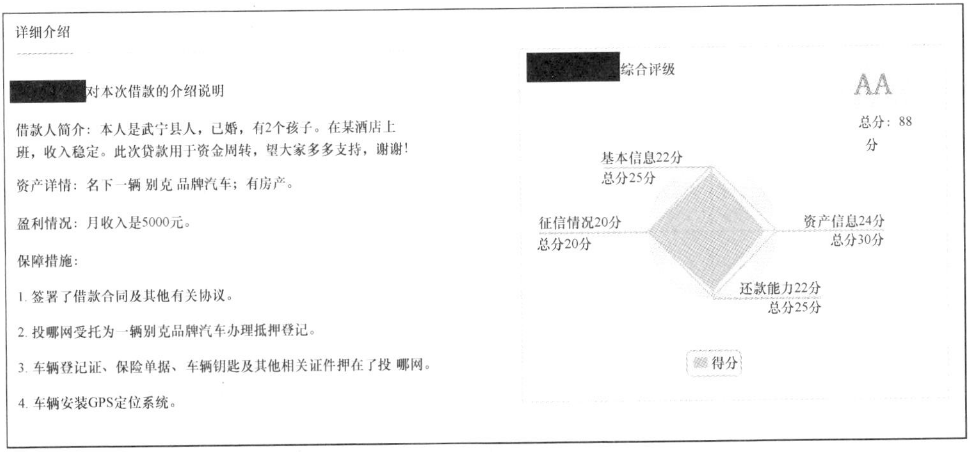

图 3-16 某 P2P 借款人资信说明与评分

7．应该选择什么样的 P2P 平台

一般而言，相对安全的 P2P 平台特征主要包括背景大、资历老、利息低（以 P2P 收益标准而言）。

前面两点不做过多解释，在此解释下为什么不建议选择投资项目利息高（以年化收益率 10%为界线）的 P2P 平台。

我们要问，这么高的利息从何而来？

① 庞氏骗局

无需多言，庞氏骗局也是历史上很多“低风险、高回报”金融骗局的本质。

② 次级贷款

次级贷款是引发美国陷入经济危机的元凶，在 P2P 里便是指把钱借给资质差的企业（个人）。这其中有一些企业之所以愿意付高利息，一种可能是因为自己已面临破产危机，银行、熟人不肯借钱了，于是怀着赌一把的心态使用 P2P；另一种可能是因为其本身就抱着“破罐子破摔”的心态，利息再高自己反正不会还。

很多 P2P 平台可能会安慰投资者，我们的风控能力多么强大，有“经验丰富的线下调查团队”和“安全可靠的大数据分析”。前者调查成本和调查效果是成正比的，正规经营的 P2P 平台的收入来自作为信息中介的服务，不分享投资收益，是否能全心全力地做好风控？后者现在各个平台间数据基本不互通，而且大部分有效数据都掌握在少数龙头机构里，小平台基本没能力实施。

③ 烧钱推广

P2P 平台利息高，还有一种可能是平台为了在初期推广而烧自己的钱补贴投资者。问题是现在 P2P 行业准入门槛低，竞争白热化，很多平台一旦停止烧钱推广就会死亡，这是一个恶性循环。

最后再说明几点：利率越高，企业的负担越重，其违约（主观自愿的和客观被迫的）的可能性越高；有做实地调查的项目，最好能给出照片；不要以为某平台上过××电视台就安全了，电视台不是中国银监会。

3.3 P2P 项目如何控制风险

1．贷前调查防骗贷

网贷平台要确保借款人愿意还钱并有钱可还，一般可以采取实地调查借款人情况、通过征信系统查询借款人信用记录、利用大数据分析评估借款人资质这 3 种手段。

（1）实地调查

实地调查是银行等信贷机构主流的贷款调查手段，一般调查借款人的“5C”信息，即个人信息（Character）、盈利能力（Capacity）、财产（Capital）、抵质押物（Collateral）、外部环境（Condition）。举例而言，一般我们愿意借钱给诚实守信、善于经营、身家雄厚的借款人，而不愿意借钱给来自信用环境较差的地区且不能提供高质量抵质押物的借款人。为了获取上述信息，信贷人员要到企业所在地实地考察，如盘点企业资产、询问老板口碑等。

实地调查模式是传统小额贷款模式下成熟的风控手段，但其在地域上、成本上会限制 P2P 平台的业务扩张，另外由于平台间信息一般不共享，会出现一些借款人在多家网贷平台恶意欠款的情形，这也是实地调查难以解决的问题之一。

（2）征信平台

① 央行征信

我国传统征信体系由中国人民银行征信系统主导，覆盖个人与企业信用数据，运作模式为汇集会员单位的贷款客户的数据（以银行信贷信息为核心，还包括社保、公积金、环保、欠税、民事裁决与执行等公共信息），并在会员间进行分享，从而解决原来金融机构信息不共享的问题，但其最突出的缺点为无法有效反映借款人的民间借贷情况。

② 第三方征信

为了弥补央行征信体系的缺陷，2013 年 11 月 15 日，央行颁布《征信机构管理办法》，正式承认和规范了第三方征信机构的设立和运作，提供征信服务的机构需要申请并获得个人征信业务经营许可证（目前仅限于个人征信业务，关于企业征信业务的相关政策尚未出台）。

第三方征信相对于央行征信，最大的优势在于其在会员机构的纳入和信息的收集方面有着极大的自由度。例如，第三方征信机构可以通过查询房屋中介的住户欠费记录来判断个人的信用等级（例如，目前租房中介自如（Ziroom）就和芝麻信用合作）。

（3）征信手段

① 传统征信

上述的央行征信和第三方征信，主要是利用借款人的资金往来信用记录来进行评估，这是传统的征信手段。

传统的征信手段有以下几点问题。

➢ 无法对缺乏金融信用记录的人群（截至 2015 年 4 月月底，央行征信系统收录自然人 8.6 亿多名自然人的信息）进行评估。

➢ 收集的借款人数据（如银行借贷）为特定时点数据，而信用评估的目标是借款人将来一段时间的时段信用状况，因此评估的精确度受到严重局限。

➢ 收集到的借款人数据可能较久远（过期数据），无法很好地反映借款人的现时状况。

② 大数据征信

互联网的兴起为征信数据分析提供了额外的选择，即将借款人的所有可以收集到的网络数据均纳入考量范围（如图 3-17 所示），例如，其网购消费记录、网络社交记录甚至网络搜索记录等。举例而言，对于借贷信用记录和财务数据相同的两个借款人，我们更愿意借钱给QQ、微信朋友圈里有钱人更多的那一个。甚至如果其中一个人相比另一个有交费上网络课程的记录，我们就可以认为这个人更加有可能获得职业升迁的机会。这也就是我们所说的大数据征信，由于其数据来源和种类多样化，且记录连续，因此能够比传统征信手段更加有效地评估借款人的现时状况。

目前我国的大数据征信实践尚处于起步阶段，能够真正从事大数据征信的机构也为数不多。以京东为例，虽然其电商平台积累了大量的用户数据，但在大数据分析方面依然通过收购硅谷企业ZestFinance来进行。

信息类型	数据类型	例子
金融	金融机构借贷、银行账户往来、理财产品购买	银行信用卡流水、证券公司股票账户
消费	网购记录、日常支出	京东、淘宝消费记录,水电费，房租
社交	网络社交记录	QQ、微信
其他信息	教育、家庭、爱好、诉讼记录	网页搜索记录、交通罚单、俱乐部会员资格

图 3-17　大数据征信数据范围

2. 贷款担保挽回损失

贷款担保是指当贷款发生逾期甚至不良时，债权人可以行使事先约定的权利来弥补损失，俗称贷款的“第二还款来源”。贷款担保主要分为抵押担保、质押担保和第三方担保。没有担保措施的贷款被称为“信用贷款”。

（1）抵押担保、质押担保

贷款的抵质押措施是指借款人指定某资产作为标的物，如果归还本息时发生逾期，则债权人可以自行处置标的物资产（如拍卖）来弥补贷款损失。抵质押按照标的物资产是否由债权人占有分为抵押和质押（如图 3-18 所示）。

	抵押	质押
是否转移所有权	否	
标的物保管	借款人占有	债权人占有（无形资产转移相关证书）
标的物种类	不动产和特殊动产(车、船)为主	动产(债券、专利等)为主
生效条件	到国家机构登记	占有即生效
变现条件	向法院申请处置	发生逾期直接变现

图 3-18　抵押、质押定义区分

例如，以借款人的车子作为标的物，则抵押的情况下汽车可以继续由借款人使用，而质押的情况下车子会被保管在指定的仓库里。可见质押的安全性一般高于抵押，如抵押的情况下债权人可能会给汽车安装上 GPS 来确保安全，但借款人可能会拆除 GPS 甚至掉包车辆。在质押的情况下，车辆保管的费用一般由债权人承担。

考虑到贷款利息、资产保管以及资产处置等费用，金融机构一般会根据资产价值和抵押率来确定贷款额度上限。如抵押率为 70%，抵押车辆市场价值为 10 万元，则借款人最多可以借 7 万元。

（2）贷款担保

P2P 平台为了吸引投资者，往往承诺保本保息，这里分为平台自保与第三方担保。平台自保是指网贷平台利用自有资金来偿付投资者的亏损，例如，建立风险备用金账户，但目前政策规定作为信息中介的 P2P 网贷平台自保是被禁止的（如果 P2P 网贷平台为借贷提供担保，则出借人可以要求人民法院判决其承担担保责任）。第三方担保是指平台与第三方担保公司合作，由担保公司偿付投资者的亏损。目前法律及国家政策不禁止引入第三方担保，但鼓励投资者自负投资损益，即 P2P“去担保化”。

目前与 P2P 合作的担保公司一般分为两种，一种是融资性担保公司，另一种是非融资性担保公司。融资性担保是指担保人与银行业金融机构等债权人约定，当被担保人不履行对债权人负有的融资性债务时，由担保人依法承担合同约定的担保责任的行为。只有融资性担保公司才可为借贷提供担保，非融资性担保机构只能为工程履约等行为提供担保。

需要注意的是，过去小贷公司的担保实践证明，如果短时间内集中发生了系统性风险（如经济崩溃）导致大范围赔付发生，则担保公司可能会破产，无法履行担保义务。

3．逾期债权催收清收

在传统的金融机构贷款业务中，当贷款发生逾期时，金融机构会通过电话通知和面谈等手段争取让借款人尽快还钱；如果借款人没有还款意愿或者没有还款能力（如企业经营亏损），金融机构就会采取法律手段处置抵质押物或申请向借款人追索。P2P 网贷平台在这方面情况特殊，其被定位为信息中介，本来并无权利起诉一方违约。

一般网贷平台要提起诉讼，分为以下两种类型。

诉讼授权模式：投资者把自己的诉讼权利在三方合同中直接授权给平台全权处理，当发生借贷纠纷时由平台代为办理诉讼事宜。

债权回购模式：平台在一定条件下以一定价格或无偿回购投资者债权，购买债权后，以平台自身名义起诉借款人违约。

案例链接

2014年9月，中国P2P行业催收第一案在上海宣判，法院判决被告借款人李某败诉，责令其归还原告"点融网"借款本金及相应利息，李某的担保人负连带清偿责任。

2013年7月8日，被告李某通过点融网与80多位P2P投资者达成借款协议，共借贷50万元。但是，仅支付了两个月的本息后，被告李某就拒绝继续还款。点融网的催收团队在进行持续催收无效之后，决定将李某告上法庭。

点融网从一开始就在居间协议中设置了相关条款，约定在必要时，出借人可以把债权转让给点融网，以便集中起诉。

据点融网CEO郭宇航讲，这场官司中最令点融网烦恼的问题是诉讼成本过高，无论是时间上还是经济层面，成本过高阻碍了很多平台选择诉讼这条维权之路。

（资料来源：和讯网）

3.4 P2P网贷业务种类及流程

1. 直接投资模式

直接投资模式即一个P2P借款人在平台上发布一个项目，P2P投资者在平台上直接挑选自己希望投资的项目，从而建立借款人和投资者"一对一""一对多"的直接借贷关系（如图3-19所示）。在这一模式下，网贷平台得以严格遵守信息中介的身份，因此这是目前P2P行业最符合政策要求的业务模式。

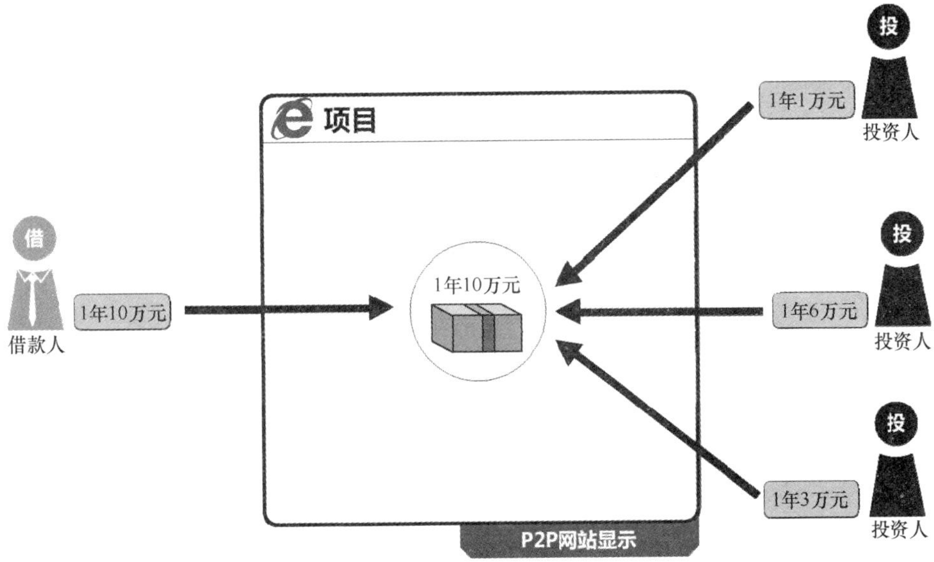

图 3-19　直接投资模式

2．间接投资模式

（1）什么是间接投资模式

间接投资模式是指 P2P 平台先行放款给借款人形成债权，或者承包其他债权人的债权，然后将不同的债权进行组合打包变成理财产品，因此借款人和投资者不直接形成债务债权关系（如图 3-20 所示）。投资者在网站上只能见到理财产品本身的信息，看不到实际借款人的信息（如图 3-21 所示）。

在实际操作中，每个理财项目里面包含多个债权项目，且可能是以每个债权项目分出一部分加入到理财项目中去，其结果便是 P2P 借贷关系从原有的“一对一”“一对多”变为“多对一”“多对多”。

这种模式的好处在于，单个借款人如果发生风险，由于其只占理财产品额度的一部分，因此有利于分散风险。此外，网贷平台通过拆分组合原有的债权，可以向投资者提供各个档次的投资风险、期限和回报率的理财项目。

（2）间接投资模式的风险

① 平台脱离信息中介身份

《网络借贷信息中介业务机构活动管理暂行办法》明确指出，P2P 平台必须坚守信息中介身份，不得有以下行为。

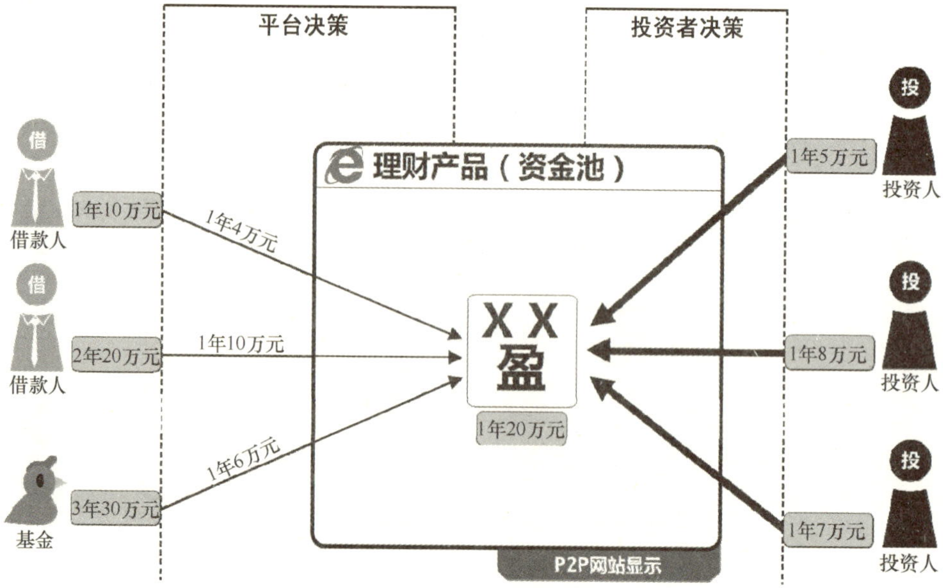

图 3-20　间接投资模式

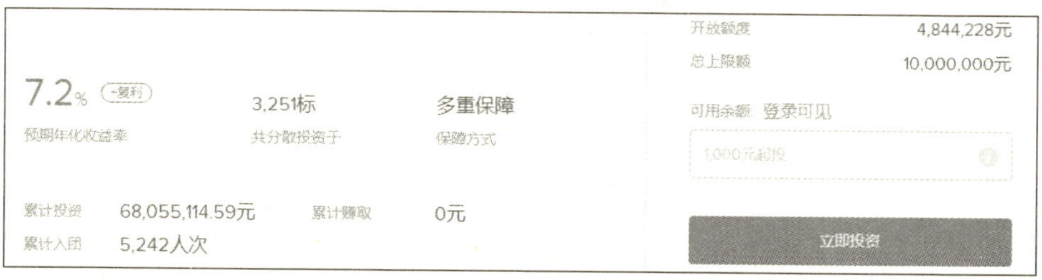

图 3-21　某 P2P 平台理财产品页面

➢ “未经出借人授权……以任何形式代出借人行使决策权”。

➢ “为自身或变相为自身融资”。

➢ “直接或间接接受、归集出借人的资金”。

➢ “发放贷款”。

➢ “将融资项目的期限进行拆分”。

➢ “自行发售理财等金融产品募集资金，代销银行理财、券商资管、基金、保险或信托产品等金融产品”。

在间接投资模式下，网贷平台由于参与到了投资项目本身的产生中，甚至有自有资金参与其中，而且有错配投资资金和期限的现象，因此有偏离信息中介身份的嫌疑。

案例链接

自从中国银监会 2015 年年底发布《网络借贷信息中介机构业务活动管理暂行办法（征求意见稿）》以来，由于当时业内预期其会在 2016 年“两会”之后正式推出来，并在 2016 年下半年开始实施，因此国内多家 P2P 网贷平台开始关闭或缩小活期理财的业务。

（资料来源：中国银监会）

②“多对一”“多对多”的风险失控

在传统的“一对一”“一对多”模式下，网贷机构只需要针对单个借款人做好贷前调查和贷款回收工作，就能控制好一个投资项目的风险；在“多对一”“多对多”模式下，网贷机构只要有一个借款人发生风险，便会影响到多个项目的大批投资者。考虑到国内 P2P 平台以高单位成本的线下实地调查为主以及国内 P2P 催清收困难的事实，这种模式的风险将难以控制。

③ 网贷平台违规代销基金

当 P2P 投资人的钱没有投资出去时，就形成了不产生利息的“站岗资金”。部分平台会提供针对“站岗资金”的货币基金类活期产品，或者将借款项目与货币基金打包，这违反了 P2P 平台不能混业经营代销基金的规定。

3. 债权转让模式

（1）什么是债权转让模式

债权转让又称“债权让与”，是指在维持原有合同条款的前提下，（原）债权人通过第三人将债权的全部或部分转给新投资者（如图 3-22 所示）。P2P 平台的债权转让除了有平台自身投资者转让在平台上投资的项目外，也可能有线下其他金融机构将自己的贷款放到 P2P 平台上转手这种情况（如图 3-23 所示）。债权转让模式和间接投资模式的一个差别在于投资者能够看到自己的资金借给了谁。

（原）债权人使用债权转让寻找“接盘侠”的原因主要有以下两个方面。

- 近期急需现金支出。
- 因为财务状况和经济形势等原因不愿意继续承担项目风险。

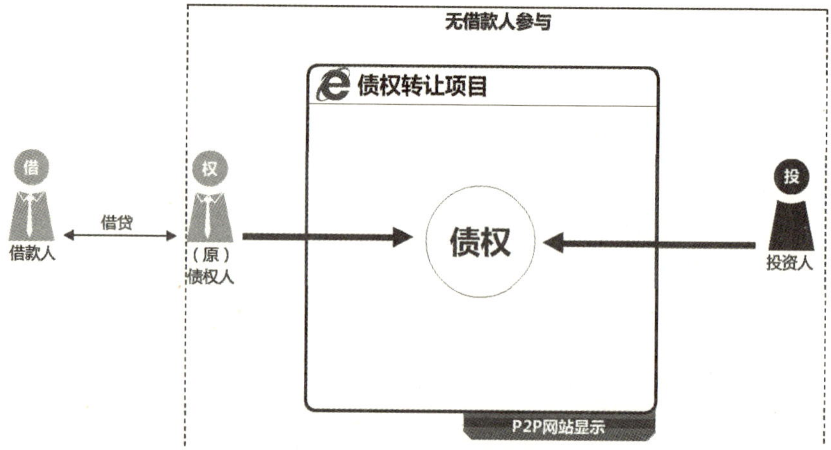

图 3-22　债权转让模式

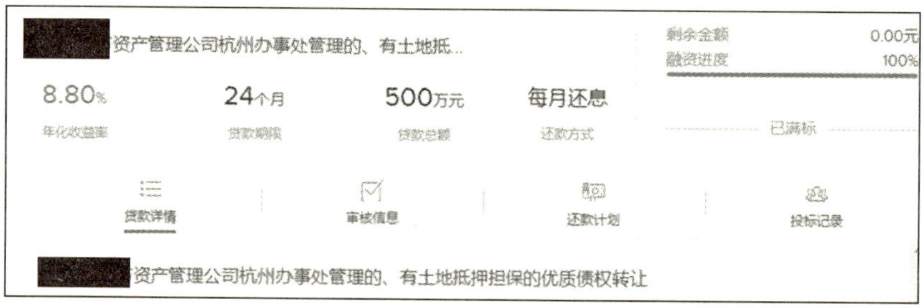

图 3-23　某 P2P 平台债权转让项目页面

（2）债权转让模式风险

① 可能不符合法律政策

《关于促进互联网金融健康发展的指导意见》指出，P2P 网络借贷机构“主要为借贷双方的直接借贷提供信息服务”。虽然在债权转让的过程中 P2P 平台依然可以保留纯信息中介的身份，但考虑到在债权转让的流程中没有借款人的参与，而是直接由（原）债权人和 P2P 投资者进行对接，因此不完全符合上述《指导意见》的要求。另外根据《国务院办公厅关于印发互联网金融风险专项整治工作实施方案的通知》（国办发〔2016〕21 号）的有关规定，P2P 网贷平台未经批准不得从事债权转让业务。

② 演变为资金池的风险

在实际操作中，（原）债权人可能是网贷平台自身或者网贷平台的关联企业，造成投资者资金进入网贷平台控制的账户，这容易为平台自融和庞氏骗局提供运作的土壤。

③ 与其他授信机构合作的风险

在实践中，一些 P2P 网贷平台与小额贷款公司和银行等贷款机构以及专门处理金融机构债务的资产管理公司进行合作，将这些机构的已有贷款项目转让给 P2P 投资者。此类项目往往有着个人投资者无法察觉的风险性。例如，贷款机构某贷款业务还未产生逾期，且客户信用记录良好，但其通过调查发现客户近期可能遇到资金困难从而发生逾期，所以机构会将此类贷款通过 P2P 债权转让脱手。接盘的 P2P 投资者虽然看得到借款人的信用记录，但对于上述隐藏的风险毫不知情，因此会遇到意想不到的风险。

请扫描二维码观看视频“什么是大数据分析与信用评估”。大数据分析是目前网络借贷行业信用评估的尖端技术，本视频案例简要介绍了一些相关应用。

大数据分析与信用评估

知识点总结

1. 根据《指导意见》，网络借贷包括个体网络借贷（即 P2P 网络借贷）和网络小额贷款。

2. P2P 网络借贷的特征如表 3-1 所示。

表 3-1　P2P 网络借贷的特征

	P2P 网络借贷	网络小额贷款	网络银行贷款
经营机构	P2P 网贷平台	小额贷款公司	商业银行
业务性质	民间借贷	（暂不明确）	金融机构贷款
资金来源	P2P 投资者	股东缴纳资本金、其他金融机构融入资金	居民、企业储蓄存款
机构性质	不承担投资风险的信息中介	承担投资风险的非金融机构	承担投资风险的金融机构
网络借贷	是		否
资金管理	第三方存管不经过平台	由经营机构保管和使用	
贷款用途	政策鼓励以中小微企业经营贷款为主，不禁止个人消费贷款		中小微企业贷款与个人消费贷款

3. 民间借贷是在国家依法批准设立的金融机构以外的自然人、法人及其他组织等经济主体之间的资金借贷活动，属于合法的借贷行为。

4. 目前法律对于民间借贷高利贷并不禁止，对于民间借贷利息归属的规定如图 3-24 所示。

图 3-24　民间借贷信息的归属

5. 法律规定 P2P 网络借贷平台必须保持信息中介性质，不得从事以下业务。

➢ 资金操作：设立资金池、发放贷款、非法集资、自融自保。

➢ 投资决策：期限错配、拆分。

➢ 对外宣传：虚假宣传、虚构标的、承诺保本保息。

➢ 线下营销。

6. 目前国家政策对于 P2P 业务的资金第三方存管与托管的区别如表 3-2 所示。

表 3-2　第三方存管与托管

P2P 环境下	第三方存管	第三方托管
服务商	必须为银行	
P2P 适用性	钦点	未禁止
是否监督资金流向	×	√

7. P2P 贷款实地调查的借款人“5C”信息包括个人信息、盈利能力、财产、抵质押物、外部环境。

8. 3 种征信手段应用数据对比如表 3-3 所示。

表 3-3　3 种征信手段

<table>
<tr><th>数据类型</th><th colspan="3">主要应用范围</th></tr>
<tr><td>个人行为数据</td><td rowspan="2"></td><td></td><td rowspan="3">大数据征信</td></tr>
<tr><td>民间借贷记录</td><td rowspan="2">第三方征信</td></tr>
<tr><td>金融机构借贷记录</td><td>央行征信</td></tr>
</table>

9. 抵押、质押对比如表 3-4 所示。

表 3-4　抵押与质押

	抵押	质押
是否转移所有权	否	
标的物保管	借款人占有	债权人占有（无形资产转移相关证书）
标的物种类	不动产和特殊动产（车、船）为主	动产（债券、专利等）为主
生效条件	到国家机构登记	占有即生效
变现条件	向法院申请处置	发生逾期直接变现

10. 能够为 P2P 业务提供担保的是融资性担保公司，其安全性高于非融资性担保公司。

11. P2P 的 3 种投资模式对比如表 3-5 所示。

表 3-5　P2P 的 3 种投资模式对比

	直接投资	间接投资	债权转让
借贷关系	"一对一""一对多"	"多对一""多对多"	"一对一""一对多"
平台参与投资决策	×	√	×
P2P 业务参与方	借款人与 P2P 投资者		（原）债权人与 P2P 投资者
法律政策风险	遵守信息中介规定法规允许	有"资金池"嫌疑暂无明文禁止	借款人排除在 P2P 业务外不符合文件精神，暂无明文禁止

复习与思考

一、多选题

1. 根据《指导意见》，网络借贷包括（　　）。

A. 网络银行贷款　　B. P2P 网络借贷

C. 小额贷款公司网络贷款　　D. 网络消费金融贷款

2. 下列哪些说法正确地描述了 P2P 网贷（　　）？

A. 属于民间借贷

B. 法律规定采用银行第三方托管

C. P2P 平台必须为信息中介

D. P2P 平台可以为投资者提供担保

3. 假设一笔一年期 1000 元民间借贷贷款，付一次年息，数额为 400 元，但借款人实际交付利息为 200 元。根据法院判决，债权人实际可以让借款人补交的利息额度中错误的答案为（　　）。

A. 债权人无权索取剩余利息　　B. 40 元

C. 160 元　　D. 200 元

4. 对于贷款的抵押物，以下说法正确的是（　　）。

A. 抵押物由债权人占有

B. 主要为不动产和车、船等特殊动产

C. 抵押物无需向国家机构登记

D. 处置抵押物需向法院申请

5. 下列 P2P 投资模式中，（　　）是有违规嫌疑的。

A. 网贷平台引用第三方机构对借款人的信用等级，供投资者参考

B. 网贷平台在首页上推荐信用记录良好的借款人给投资者

C. 网贷平台拆分、打包多项借款项目，组合成一个项目给投资者自行选择

D. 网贷平台作为债权转让的信息中介

二、思考题

1. 收集相关新闻，讨论为什么监管机构对于资金管理的要求从托管转向存管，并从实践效果的角度出发，分析为什么要指定银行作为资金存管机构。

2. 收集前些年关于浙江等地小额贷款担保危机的新闻，讨论 P2P 投资中第三方担保的应用，并谈谈你对目前监管机构“去担保化”趋势的认识。

3. 根据 P2P 网站页面信息判断其业务属于直接投资、间接投资还是债券转让模式。

CHAPTER 4

第4章 网络众筹

学习地图

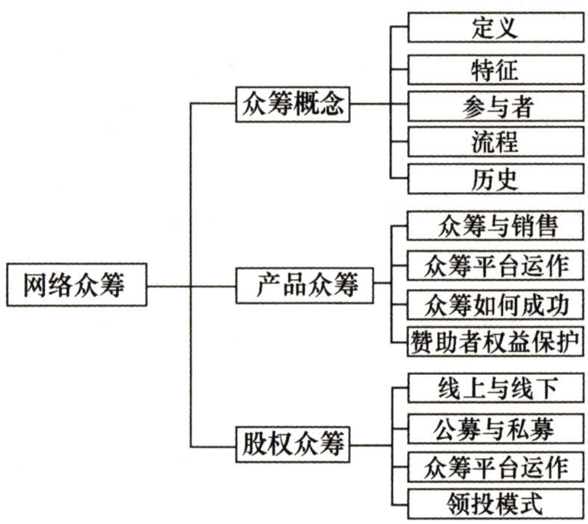

图 4-1 学习地图

学习目标

- 掌握（线上）产品众筹的定义与特征，了解其在国内发展的情况
- 掌握（线上）股权众筹的两种形式以及其目前的法律地位
- 能够阐述产品众筹和股权众筹中各方的权、责、利
- 能够说明目前国内股权众筹业务的运作原理

4.1 何为网络众筹

网络众筹是众筹的线上化，因此要学习网络众筹，我们先要掌握众筹的概念。

根据英文维基百科的解释，众筹是指向大众募集资源来资助同一个项目或活动，如大家筹钱开一家公司、开发新的产品或举办一场活动等（如图 4-2 所示）。

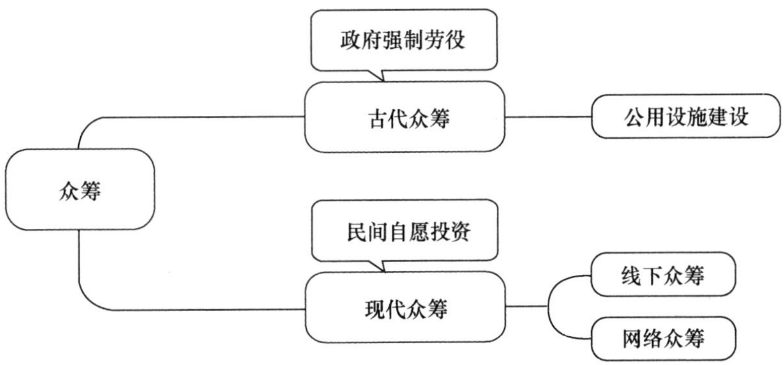

图 4-2 网络众筹分类

1. 众筹的演变

（1）第一阶段：从古代到现代

从古代开始，众筹就在人类社会中扮演了重要的角色。例如，宗教团体收取信徒们的捐赠来建设教堂和寺庙，甚至连中国的长城也可以看作是当时朝廷众筹国民劳动力建设的产物。我们可以看到，古代的众筹募集的除了资金还有劳动力，而且可能带有一定的强迫性。

到了近现代，由于金融市场的发展，众筹活动演变成了以募集资金为主、以自愿为原则的民间金融投资活动，如初创企业股权集资等。

案例链接

线下众筹的一个典型案例是国内最早的众筹创业咖啡馆“3W”（如图 4-3 所示），其成立于 2010 年 11 月，创始人许单单通过微博来招募原始股东，吸引了包括新东方联合创始人徐小平、原腾讯COO曾李青、拉卡拉董事长孙陶然和去哪儿网CEO庄辰超等在内的互联网业界知名人士入股。

"3W"咖啡厅一开始的目标是为互联网行业聚会沙龙提供场地，但随着参与人数的增多和行业知名度的上升，其逐渐转型为一个综合了基金、招聘、猎头、孵化器和媒体传播等业务的平台。例如，创业者可以经过"3W"会员推荐在咖啡厅向其他会员推介自己的项目，展现出投资潜力的项目可以获得"3W"基金的种子投资，更重要的是创业团队可以借此进入互联网的圈子。

"3W"咖啡对于线下众筹的代表意义在于以下几个方面。

- 投资者的相似性：股东主要为互联网行业的资深人士。
- 活动的自发性：由发起人控制，没有第三方机构的参与。
- 股东的参与性：股东贡献行业资源。

图 4-3 "3W"咖啡馆照片

（资料来源：《中国证券报》）

（2）第二阶段：从线下到线上

互联网的兴起为众筹活动的网络化提供了条件，但并不是使用了网络来传播就一定是网络众筹。例如，众筹发起人一开始通过 QQ、微信、论坛等免费网络服务来宣传项目，但像投融资磋商和资金交易等关键环节均在线下发生，因此这种众筹依然属于线下众筹。

真正意义上的网络众筹始于 1997 年，英国 Marillion 乐团的粉丝通过网络发起募捐，众筹了 6 万美元赞助乐团到美国巡演。由于此次众筹所有环节均通过网络进行，连资金的收取管理也是通过 E-mail 来完成的，因此这是第一个真正意义上的网络众筹。

网络众筹突破了线下众筹的地域和社会关系限制，因此能够真正地达到“众”的要求。但是，Marillion 的众筹由项目发起人自行组织、发布与运营，是“一次性”的众筹，复制难度大。网络众筹想要大规模推广，必然要建立专业的众筹网站，为众筹团队提供一个流程成熟、使用便利、成本低廉且受众广泛的平台。

第一家专业网络众筹平台 ArtistShare 于 2000 年在美国成立，其作为一家专门从事网络众筹的第三方中介网站，对接了想要募集资金的音乐家和想要赞助的粉丝，并标准化、批量化地组织、管理了众筹项目。

2. 网络众筹类型

网络众筹类型如图 4-4 所示。

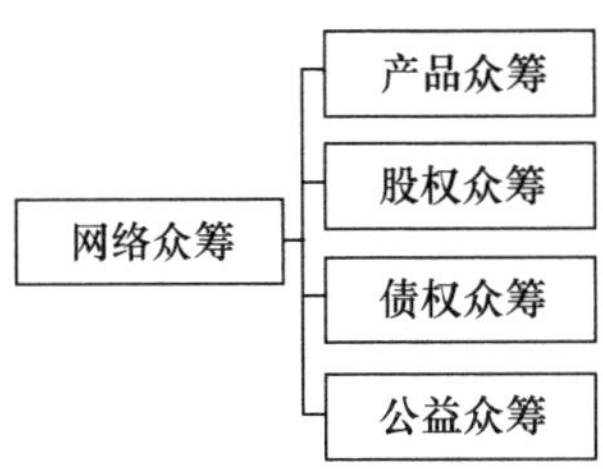

图 4-4 网络众筹类型

（1）（网络）产品众筹

产品众筹是集资创造一种新的“产品”，包括制作有形物品、创作无形作品和组织线上线下活动等。投资人根据自身投资额度的不同，可以获得不同程度的非金钱回报（也叫“奖励/回报式众筹”），如获得完成的产品或参与活动的机会等。

目前全球规模最大的产品众筹平台是 2009 年于美国创立的 Kickstarter，其宗旨为“成为创新的孵化器”。其一个典型的成功案例是 Oculus Rift，Oculus Rift 的众筹项目共众筹到 250 万美元，并造就了世界上第一个成功商业化的虚拟实境头戴显示器。发起众筹的 Oculus 公司于 2014 年被 Facebook 以 20 亿美元收购。

（2）（网络）股权众筹

股权众筹是分散的投资者集中资金以股权形式出资同一家机构并成为股东，属于证券发行业务，因此受到中国证监会的严格监管。

法律上股权众筹特指“（小微企业）通过互联网形式进行公开小额股权融资的活动”，且“必须通过股权众筹融资中介机构平台进行”，原有的“线下股权众筹”被排除在“股权众筹”的范畴外。上述规定有助于防止股权众筹无序生长，中国证监会可以通过管理众筹平台和众筹项目的准入来监管股权众筹的活动。

众筹平台依托互联网这个媒介，向全社会征集创业项目，为缺乏各种上游资源的草根创业者们提供了相对低门槛的融资渠道，为想要投资初创企业的投资者们提供了更加广阔的选择空间。

（3）（网络）债权众筹

（网络）债权众筹在中国的主要形式即为 P2P 网贷，这已经在前面章节详细介绍过，所以不予重述。

（4）（网络）公益众筹

（网络）公益众筹主要是指（通过民政部审批获得相应资格的）互联网公开募捐信息平台为（具有慈善组织公开募捐资格证书的）慈善组织提供的公开募捐活动。需要注意的是，个人通过上述网络平台发起的个人求助行为由于不具备公益性，不属于公益众筹行为。

3．中国网络众筹概况

（1）发展历史

目前由于国家对众筹的法律规定尚未完善，因此很难准确地统计真正从事众筹业务的平台数量，所以以下数据仅供参考（如图 4-5 所示）。

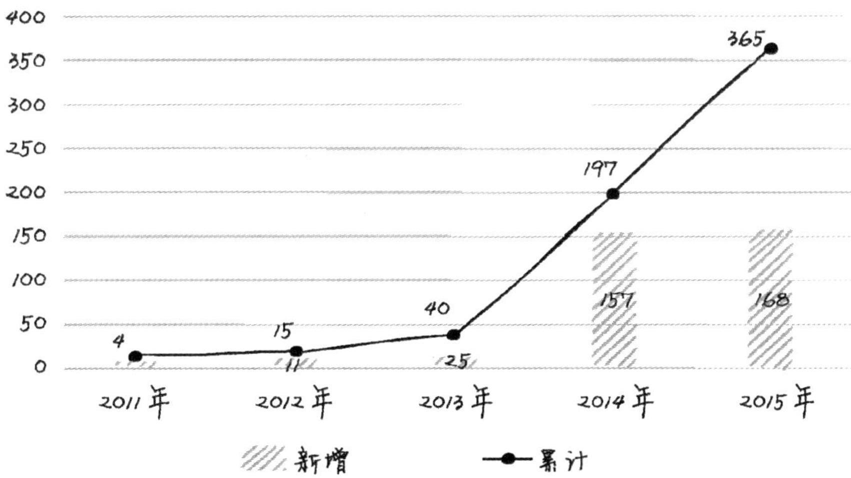

图 4-5 中国互联网众筹平台历年数量统计

① 2014 年以前

网络众筹在中国兴起于 2011 年，国内第一家产品众筹平台“点名时间”和第一家股权众筹平台“天使汇”均在当年上线。

“点名时间”上线不满两年便孵化了两个破百万元的众筹项目，在当时国内产品众筹领域独树一帜。

“天使汇”上线两年内，成功孵化的项目包括了“滴滴打车”，其于 2012 年发起众筹，成功募集 1500 万元。

② 2014 年：众筹爆发，巨头入局

2014 年是网络众筹爆发的一年，行业龙头淘宝众筹和京东众筹先后开张，业务覆盖产品众筹和股权众筹，并逐渐占领市场。

同年，“点名时间”却宣布退出众筹，转型预售。

③ 2015 年：鱼龙混杂，优胜劣汰

截至 2015 年年底，国内互联网众筹平台累计上线超过 300 家（这里不包括债权众筹平台），仅当年便新增 160 多家，然而已有超过 80 家因盈利困难而倒闭、停运或转型不做众筹，这部分占了平台总数的 23%以上。

2015 年产品众筹行业基本被京东众筹和淘宝众筹瓜分，其中京东产品众筹平台的小牛电动车项目成功筹资 8171 万元，创下国内产品众筹的最高纪录。

相比之下，国内股权众筹由于具体监管法规尚未正式颁布，尚处于试水阶段，还未能形成稳定的市场格局。

（2）现状概述

① 产品众筹和股权众筹两分天下

中国的众筹平台业务基本分为 5 类（如图 4-6 所示，不考虑归类为 P2P 业务的债权众筹）。其中，可见有部分平台同时经营产品众筹和股权众筹，而法律禁止平台兼营股权众筹和 P2P 业务；房产众筹由于目前在业务性质和监管方面争议较大，本书不予讨论。

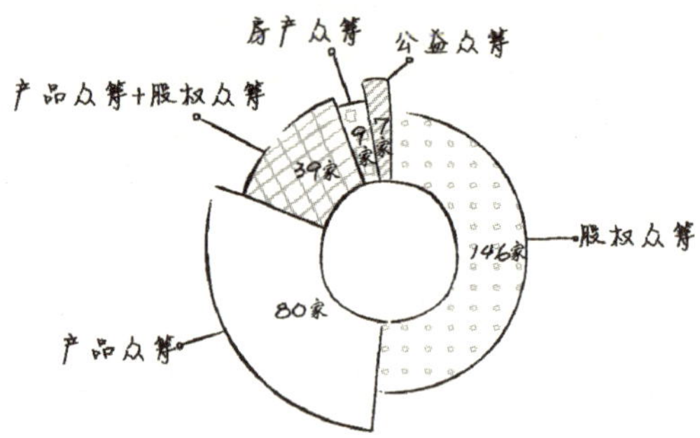

图 4-6　我国众筹平台类型分布

② 筹资规模急剧扩大

截至 2016 年年底，我国产品众筹累计筹款金额突破 50.7 亿元，其中 2016 年上半年约为 21 亿元，占到 41.4%的比重。（数据来源：零壹财经）。

4.2　投资梦想的产品众筹

1. 正确认识产品众筹

（1）产品众筹与销售的区别

【思考与讨论】

一些产品众筹许诺赞助人在项目完成后能够免费或者折扣获得产品，请问产品众筹和预售、团购有什么区别？

① 产品众筹的不确定性

产品众筹与销售的最大区别，在于其对于产品风险的承担。

首先，我们从字面意思上来理解产品众筹的意义。中文里的“众筹”来自英文“Crowdfunding”，而欧美国家最早出现的是产品众筹平台，所以“Crowdfunding”一开始特指产品众筹。英文里的“funding”译作“资助/赞助”，一般其资金是用来启动和维持项目，如“funding a project”；中文里的“筹”字则可以理解为“筹措”“筹划”“筹办”等，均有“计划”“研发”的意思，而完全没有“购买”的意思。因此，产品众筹是一种投资行为，而不是购买行为。

然后，我们从实践效果来看产品众筹的意义。产品众筹一般始于产品的筹办/研发阶段，资金主要用于产品的研发和批量生产。由于产品在最终定型前，其性能和制作成本难以确定，因此众筹的赞助人一方面分担了产品研发的风险，另一方面预付了产品生产的成本。众筹项目给予赞助人的奖励（如产品价格的折扣），应该理解为对其承担风险的答谢。

以 Kickstarter 为例，其声明“赞助人必须明白，Kickstarter 不是一家商店。你付的钱不是用来购买已经存在的商品，而是用来创造全新的发明。开发者有可能出于某种因素而无法按照承诺完成项目”，并强制要求项目发起方向投资人说明项目面临的具体风险。

② 销售的确定性

在一般的销售中，消费者并不直接承担产品研发的成本和风险，即“一分钱一分货”，我们这里以预售和团购来进行分析。

预售的重点在于“预”，是在产品公开发售前预先购买，可以理解为消费者先把钱借给厂商，以后收到的产品就是厂商偿还的本金，得到的折扣是厂商支付的利息，是对其提前付款的奖励。预售行为本身并不强调消费者对于产品研发风险的承担。

团购的重点在于“团”，分散的消费者集中订购大量货物获取折扣，这和批发折扣的道理是一样的。

总结来看，考虑到在实践中产品众筹项目往往将完成的产品当作支持众筹的奖励，因此产品众筹往往带有销售性质，但本质上不是销售。

在前面的章节中，我们的数据似乎显示中国是产品众筹最为活跃的市场，但实际上，目前中国一些众筹平台有着“挂羊头卖狗肉”的嫌疑，其业务实质上偏向预售和团购，应该被称为“众筹式营销”（如图 4-7 所示），因此数据只做参考使用。

图 4-7 “牛角尖”财经公众号漫画《众筹式营销》

案例链接

悦喜智能首饰在京东众筹平台发起众筹，宣称将设计制造具有智能计步器功能的老年人手镯，用户可将通过专用手机 APP 查看父母的每日运动量，并根据父母的体重、血压、血糖等健康数据来判断父母的日常运动是否达到锻炼身体的目的，还能通过 APP 的聊天功能与父母保持联系（如图 4-8 所示）。

众筹项目承诺凡出资 999 元者皆可获得智能手镯及配套健康仪器一套，最终于 2016 年 3 月 21 日完成 100 万元的众筹目标，在小范围试用后于同年 4 月发出正式产品。

图 4-8 “悦喜智能首饰”功能介绍截图

根据本章对于众筹的定义，我们可以将“悦喜智能首饰”项目界定为产品众筹活动，因为其的确有一定的创新成分，并且众筹始于产品试用和量产阶段之前，因此投资者承担了项目的研发风险。

案例链接

《Don’t Hug Me I’m Scared》（简称 DHMIS）是一个产品众筹支持另类艺术创作的绝佳案例。DHMIS 是一部模仿《芝麻街》形式的木偶生活剧（如图 4-9 所示），每集分别围绕“创造力”“时间”“爱”“科技”“健康饮食”和“梦”的主题来表演，虽然表面上是“健康向上”的儿童剧（如图 4-10 所示），但实际上却是通过令人毛骨悚然的视觉元素（如图 4-11 所示）和剧情来讲述现代商业广告如何通过电视节目给大众消费者“洗脑”（如图 4-12 所示）。

图 4-9　3 个主角在宿舍里

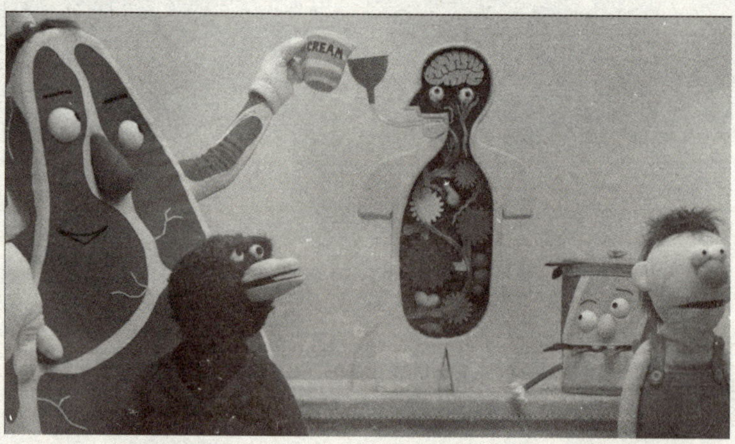

图 4-10　“健康食品”（即商业生产的速食品）与身体的关系

图 4-11 吃了“不健康食品”(即天然食品)后损坏的身体

图 4-12 黄人“吃了被做成罐头的鸭子朋友”(暗示“洗脑”成功)

由于本剧极具争议性，一般的有线电视台是不会采用这种企划的。因此，本剧的作者 Becky Sloan 和 Joseph Pelling 先是自费制作前两集并上传到 Youtube，积累了大量粉丝后通过 Kickstarter 众筹到了 10 万美元来制作剩余的 4 集。

作者特意为宣传众筹制作了特殊的短视频，显示主角被坏人绑架，通过镜头向观众们呼救，众筹“赎金”(如图 4-13 所示)。

图 4-13 主角读出绑架犯的要求

全剧在 Youtube 播出后，引起了巨大的反响，网络观看次数超过 1.4 亿次，作品本身也获得多个艺术奖项。按照作者本人的说法，他们之所以拒绝正规出版商的邀请，而选择通过众筹的方式来实现自行制作，是为了在制作时能够不受限制，从而保持故事的原汁原味。同时，作者还表示，是众筹得到的资金让他们得以全心全力地投入制作，否则作品可能要好几年才能完成。

【思考与讨论】

是否能够用图 4-14 来展现产品众筹和团购、预售的区别？

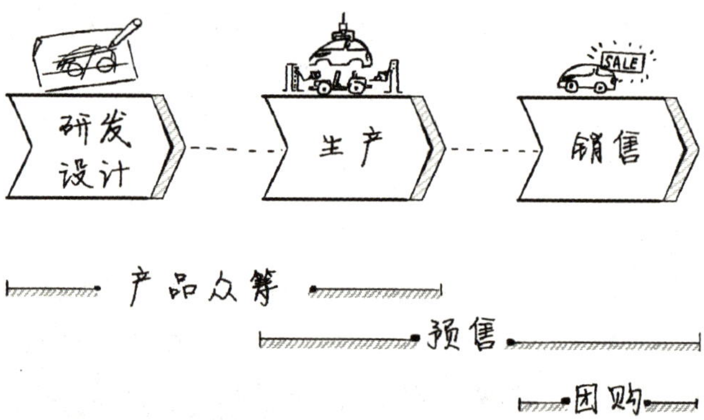

图 4-14 产品众筹、预售、团购的区别

评语

上述流程不适用于没有实体的商品，如软件等。以电子游戏为例，在互联网普及前，电子游戏的研发设计阶段包括游戏框架规则的设计、游戏编程、声音图像等素材的录制和建模以及 bug 测试等，生产阶段主要指将游戏程序刻录到游戏碟中去并进行包装；现在，越来越多的电子游戏选择通过网络平台进行发售（Steam、Origin），玩家直接下载游戏，实体游戏碟的录制工作（即生产阶段）可以被彻底地跳过。因此，对于没有实体的商品，产品众筹针对的阶段应该是研发设计。

（2）法律对产品众筹的看法

众筹本身是一种金融活动，需要受到严格的监管。但产品众筹的特殊性在于不涉及金钱回报，因此其受到的监管主要是围绕消费者权益保护的。

根据我国《消费者权益保护法》的规定，产品众筹平台对众筹项目有着尽职调查的责任，在消费者权益受到侵害的情况下，如果平台不能提供销售者或者服务者的真实名称、地址和有效联系方式，或平台本身对侵权事项事先知情的，则应该承担连带责任。

2．产品众筹平台的运作

（1）平台的运作

图 4-15 解释了创意项目从风投机构和从众筹平台获取资金的流程，从中可以总结出产品众筹的优点主要有以下几个方面。

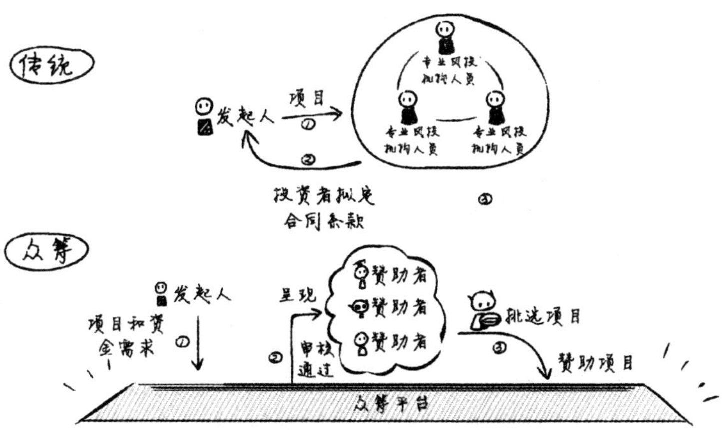

图 4-15 创意项目融资模式

- 无需专业投资机构参与，众筹项目运作较灵活自主。
- 投资人关心产品而不是盈利，因此小众产品得以诞生。
- 众筹本身带有市场调查的功能，投资者可参与改进产品设计。

（2）盈利模式

产品众筹平台作为信息中介，一般根据成功筹集的金额收费。

以 Kickstarter 为例，其在项目成功地达到筹资目标后，对其总筹资额度收取 5%的费用。（目前 Kickstarter 的东家是亚马逊，众筹项目的资金流转是通过亚马逊的支付功能实现的，亚马逊对其收取 3%的费用，因此项目方实际收到 92%的资金。）

（3）项目质量控制

众筹平台会设立准入标准，下面以 Kickstarter 为例进行介绍。

① 项目必须能够被包含在以下的基本类型中

基本类型有：游戏、设计、科技、影视、音乐、食品、出版、时尚、艺术、漫画、戏剧、摄影、舞蹈、新闻和工艺品。

② 项目必须能够创造出可以与他人分享的东西

通俗地讲，如果你的筹钱目标是去欧洲旅游，那么不算数，因为你是唯一的受益人；但如果你旅游的计划是为了拍摄纪录片或出书，并且会与投资者分享或公开发售你的作品，就可以。

③ 项目的呈现方式必须清晰且真实

Kickstarter 社区是基于信用和沟通的，项目绝对不能误导群众或扭曲事实，发起人必须如实汇报他们的目标。如果项目本身涉及制造并分发复杂的东西——如工具，则发起人必须呈现实体样品，且相关视频和照片不得进行后期修改。

④ 项目不得为公益，不得提供金钱回报，不得涉及监管及有争议的物品

3．中国产品众筹困境分析——以“点名时间”为例

（1）“点名时间”的昙花一现

于 2011 年 7 月上线的“点名时间”是中国首个产品众筹平台，其创立的初衷是模仿 Kickstarter 的模式，将投资创意的理念付诸实践。

“点名时间”最成功的众筹项目是电影《大鱼海棠》和《十万个冷笑话》

（如图 4-16 所示），两者在 2013 年分别以 158 万元和 137 万元完成众筹。其中《十万个冷笑话》本来是人气网络动画草根出身，众筹拍摄剧场版，于 2015 年年初上映，10 天内票房就突破了亿元大关。

图 4-16　众筹项目《大鱼海棠》和《十万个冷笑话》

然而，“点名时间”并未能够长期稳定地延续上述的成功，也没能创造更高的项目筹资记录。2014 年 4 月，“点名时间”宣布放弃众筹业务，转而做智能硬件的预售（也称“首发”）平台。

（2）“点名时间”的经验教训

① 表层原因：找不到有质量的项目

“点名时间”的众筹实践无法持续的最表层原因是无法有效地保证其众筹项目的创新性和成功率，即“产品不好”。

a. 创新风险高。

产品众筹的宗旨是鼓励创新，而创新本身就是个试错的过程，但项目发起方和投资者对于试错风险的承担是不对等的。

首先，产品众筹平台一般对于众筹项目就发货时间、产品质量等方面的承诺没有硬性要求，而且法律上而言也没有相关条款专门管制这方面的问题，因此如果项目发起人无法兑现承诺，平台和投资者很难对项目方进行追责。

其次，即使项目方没有故意欺瞒投资人，项目本身也有失败的风险。上述因素加总起来，影响了投资者对于众筹项目的信心。事实上，从 Kickstarter 的实践来看,成功达到融资目标的项目也属于少数(如图 4-17 所示,Kickstarter 公布其项目成功众筹率为 36%)。

Projects and Dollars

Category	Launched Projects	Total Dollars	Successful Dollars	Unsuccessful Dollars	Live Dollars	Live Projects	Success Rate
All	295,626	$2.34 B	$2.02 B	$277 M	$37 M	5,592	36.00%

图 4-17　Kickstarter 统计页面截图

b. 创新环境差。

目前，中国的法律制度对于知识产权保护的力度还有待提高，而且中国传统文化对于特立独行的人或行为也相对缺乏包容精神，这些历史、政策原因结合其他因素导致了中国社会的创新成本较高，自然很难产生愿意实现新奇创意的技术团队。

② 深层原因：找不到创意的投资人

“点名时间”的众筹实践无法持续的深层原因是真正的产品众筹在中国暂时没有市场，找不到受众。

a. 错误认识众筹。

在中国，大众对于众筹的真正概念还未能够完全的理解，一部分人以为其是预售或团购，另一部分人虽然承认其为投资，但却不愿意承担项目研发的风险（这里除了信任缺失外，也和中国人对投资保本的偏好有关）。

b. 发烧友群体不足。

众筹的用户基本可以分为两类：发烧友和消费者。

发烧友强调的是获得想要的东西，愿意付出更高的价格和时间或者承担金钱打水漂的风险，即感性>理性。

消费者强调的是产品买得划算，不愿意承担风险也不愿意等待，即理性>感性。

例如，某款游戏的“发烧友”会在游戏发售日熬夜排队购买（如图 4-18 所示），而普通的玩家可能会先观望，等“发烧友”测评其为神作/渣作后，或者有促销折扣时，才入手。

图 4-18　游戏“发烧友”彻夜排队等待游戏发售

通过对比可以看到，这两种用户的喜好是完全相反的。由于产品众筹的开发周期与结果的不确定性，消费者在众筹平台上的用户体验会非常差。另外，中国的经济状况决定了现阶段消费者占压倒性数量。当然，随着中国经济的发展和众筹概念的普及，愿意付费冒险的发烧友群体肯定会日渐壮大。

4．对接销售的产品众筹

中国产品众筹的巨头淘宝和京东均为网购平台出身，这一点与收购了 Kickstarter 的亚马逊一模一样。这一现象，实际上说明了众筹在未来商业模式链条中的地位，即通过产品众筹孵化新产品，在新产品完成研发可以批量制造后转移到网购平台进行公开发售（预售/团购），并借势发起新一轮众筹。

以京东众筹平台的小牛电动踏板车项目为例，其于 2015 年以 7200 万元成功超募众筹 N_1 系列，又于 2016 年以 8100 万元成功超募众筹 M_1 系列。

案例链接

最近各大互联网平台在开展“一元夺宝/云购”业务，如某零售价格 1000 元的手机，每个用户出一元钱参与抽奖（也可多次下注），系统在下注总金额达到 1200 元后抽选中奖用户发放手机。各平台有将其定性为“预售”的，也有定性为“众筹”的。

目前，法律上对于这种业务的监管尚处于空白状态。北京市工商局相关负责人宣称，这种行为具有博彩性质，但从工商部门的相关法律来看，并不违法。如果其中有涉及诈骗的，将由公安部门处理。

编者认为，由于“一元”模式本身无“分担产品研发风险、成本”的“投资性质”（“一元”模式的产品已有市场价格），且业务本身的主要目的是“销售产品”（也可能是为了炒作），因此其本身不能算作产品众筹（甚至不应算作众筹，因为其出资人的目的具有“互斥性”，即我抽到了你就没了），性质上介于“预售/团购”和“赌博”之间。目前，“一元”模式的主要问题是抽奖过程存在暗箱操作风险，缺乏监督，同时也面临着短期资金沉淀的问题（请参考 P2P 网贷的资金池问题）。

另外，其实“一元”模式也不是什么创新。Kickstarter 等产品众筹平台会根据支持人数等指标对项目进行排名和推荐，因此很多众筹项目都会有赞助一美元参与抽奖的设定，虽然实际上没有筹到多少钱，但起到了聚集人气的效果。

4.3 平民风投的股权众筹

1. 正确认识股权众筹

目前众筹行业最处于监管风口浪尖的业务（项目）要属股权众筹，金融监管机构和行业协会对于众筹的法律定义和监管办法从 2014 年至今经历过多次修改，最终的监管政策还未颁布。我们就最新的关于股权众筹的法律政策进行总结，让大家掌握目前政府对其的看法。

（1）什么是股权众筹

目前国内对于股权众筹的法律地位最权威的认识来自于《关于促进互联网金融健康发展的指导意见》，其中关于股权众筹的原文为“股权众筹融资主要是指通过互联网形式进行公开小额股权融资的活动。股权众筹融资必须通过股权众筹融资中介机构平台（互联网网站或其他类似的电子媒介）进行”“股权众筹融资方应为小微企业”“投资者应当充分了解股权众筹融资活动风险，具备相应的风险承受能力，进行小额投资。股权众筹融资业务由中国证监会负责监管”。

这份文件最主要的影响在于将线下股权众筹排除在了股权众筹的范畴之外，并强调股权众筹要“公开发行”，即“公募”。

（2）私募、公募之争

股权众筹业务属于证券发行业务，必须区分“公募”和“私募”。根据《证券法》，面相大众的证券发行（向不特定对象发行证券或向特定对象发行证券累计超过 200 人的）为公募。

2015 年 8 月 7 日，中国证监会根据《指导意见》，下发《关于对通过互联网开展股权融资活动的机构进行专项检查的通知》（以下简称《通知》），其中强调了证监会对于股权众筹的认定标准：“公开”“小额”“大众”。

2015 年 8 月 10 日，中国证券业协会宣布，根据中国证监会《通知》的精神，将先前的《场外证券业务备案管理办法》（以下简称《办法》）第二条第（十）项“私募股权众筹”修改为“互联网非公开股权融资”。这意味着从国内法律与政策的角度讲，并不存在所谓的“私募股权众筹”，即股权众筹必须“公募”，原来的“私募股权众筹”一下子就失去了合法地位。

此次《办法》的修改对国内股权众筹行业产生了巨大的影响，因为中国证券业协会先前于 2014 年 12 月 18 日发布的《私募股权众筹融资管理办法（试行）（征求意见稿）》曾经一度肯定了私募股权众筹的合法性，因此当时国内大部分股权众筹平台对外都是以“私募股权众筹”进行宣传，且设立了 200 人股东数的红线及合格投资人制度。在《办法》修改后，各股权众筹平台都不得不将“众筹”二字从网站上去掉。

（3）（公募）股权众筹待《证券法》修改

2016 年 4 月 27 日，中国证监会相关负责人表示，将在《证券法》修改中对股权众筹做出规范。

由于国内大部分股权众筹平台的实际业务为“互联网非公开股权融资”，而（公募）股权众筹的相关规定暂时未出台，且私募、公募的区别主要在于发行对象，因此本书后面将围绕“互联网非公开股权融资”（简称为“网络私募”）进行讲解，给学员提供未来（公募）股权众筹实践的一种可能情况。

小贴士

2015 年 7～8 月，多家新闻媒体报道，据称第一批公募股权众筹牌照已经发放，获准机构包括京东和淘宝等在内。但公募股权众筹的管理办法截至 2016 年 4 月未能定下来，且政府机关相关网站并未发布声明，因此此新闻的可靠性有待考证。

2．网络私募运作

（1）认识网络私募

网络私募属于私募股权融资的范畴（如图 4-19 所示），其融资的主体是企业，投资者是自行选择企业进行投资，平台不参与投资决策。

业务类别	融资主体	投资人数量	监管政策
公募股权众筹	企业	公开发行 >200人	政策尚未出台
私募股权融资	企业	非公开 ≤200人	平台备案制
私募股权基金	基金	非公开 ≤200人	募集前基金管理人登记制+募集后基金备案制

图 4-19 股权融资模式对比

（2）业务流程

网络私募项目发起人一般通过独立的第三方股权众筹平台发起项目，在平台注册并经审核通过认证的投资人，经过平台撮合，促成投资交易（如图 4-20 所示）。

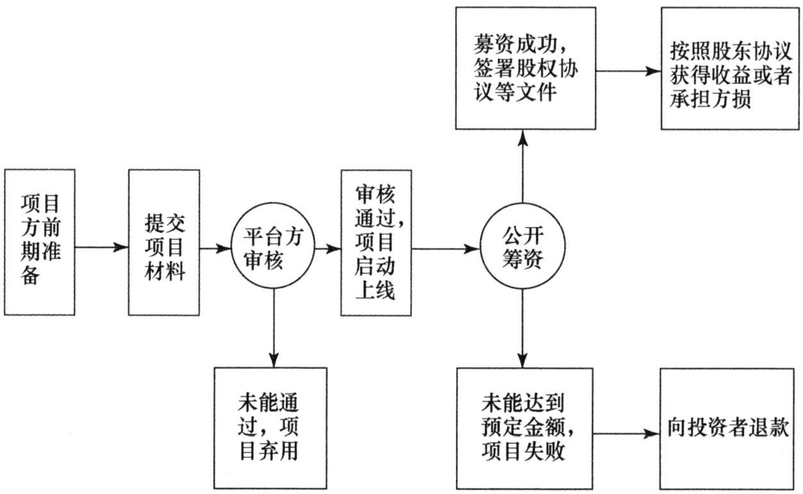

图 4-20　网络私募流程

（3）参与方监管

以下相关要求是针对网络私募的，将来网络公募的相关条款颁布后会有所不同，因此只列举部分关键条款作为参考。

① 投资人

投资人有义务向平台提交真实、合法、有效的证明材料，证明其符合下列合格投资人财务能力的法律要求。

a. 个人投资人（仅需满足其中一个条件）。

➢ 最近三年个人年均收入不低于 30 万元人民币。

➢ 金融资产不低于 100 万元人民币。

➢ 投资单个融资项目的最低金额不低于 10 万元人民币。

b. 单位投资人。

➢ 投资单个融资项目的最低金额不低于 10 万元人民币。

从上述规定可以看出，目前互联网非公开股权融资准入门槛较高，依然不对普通老百姓开放，可谓众筹不“众”。

② 发起方

发起方为初创或现存的中小微企业，允许平台对其进行征信调查并接受平台认证与监督。

禁止事项如下所示。

➢ 采用公开或变相公开方式向不特定对象发行证券。

➢ 融资完成后，融资者或融资者发起设立的融资企业的股东人数累计超过200人。

➢ 向投资者承诺投资本金不受损失或承诺最低收益。

➢ 同一时间通过两个或两个以上的股权众筹平台就同一融资项目进行融资。

➢ 在股权众筹平台以外的公开场所发布融资信息。

第一、第二项是为了避免成为“公募”；第五项在信息科技发达的今天，是否能够得到有效实施和监督还有待观望，如发起人在网络媒体上匿名宣传应该如何监管。

③ 众筹平台

中国证券业协会《私募股权众筹融资管理办法（试行）（征求意见稿）》和《场外证券业务备案管理办法》规定，股权众筹平台是指通过互联网平台为股权众筹投融资双方提供信息发布、需求对接、协助资金划转等相关服务的中介机构，向证券业协会备案登记成为会员并由其进行自律管理。

a. 承担责任。

➢ 应当对投融资双方进行实名认证，对用户信息的真实性进行必要审核。

➢ 应当对融资项目的合法性进行必要审核。

➢ 如果发现欺诈行为或其他损害投资者利益的情形，应当及时公告并终止相关众筹活动。

➢ 应当持续开展众筹融资知识普及和风险教育活动，并与投资者签订投资风险揭示书，确保投资者充分知悉投资风险。

b. 禁止事项。

➢ 通过本机构互联网平台为自身或关联方融资。

➢ 对众筹项目提供对外担保或进行股权代持。

➢ 提供股权或其他形式的有价证券的转让服务。

➢ 利用平台自身优势获取投资机会。

➢ 向非实名注册用户宣传或推介融资项目。

➢ 从事证券承销、投资顾问、资产管理等证券经营机构业务。

➢ 兼营个体网络借贷（即 P2P 网络借贷）和网络小额贷款业务（和 P2P 网络借贷的区别在于是否用自有资金进行贷款）。

从上述规定可以看出，股权众筹平台的法律定位为纯粹的信息中介平台，除了最基本的项目尽职调查外，不参与到股权投资的风险层面运作。

④ 存管银行

银行在交易中起到了资金存管与结算作用，为投融资双方开立账户，并根据股权众筹平台的指令收付资金等，避免了众筹平台直接经手资金的风险。国务院的《指导意见》明确要求网络股权众筹平台选择符合条件的银行业金融机构作为资金存管机构（即不能选择第三方支付机构）。

3．网络私募风险

（1）投资人无法有效行使股东权力

网络投资者基本不可能参与股东大会，对于公司决策的影响基本为零，因此难以保障自己的权利。例如，公司要发股利必须先经过股东会表决通过，而网络投资者无法投票来影响此类决策。

另外，法律没有规定互联网非公开股权融资的公司必须按照上市公司标准进行完善的信息披露和审计，因此投资者面临着信息不对称的风险。

（2）投资人退出途径有限、投资期限长

如果投资人想退出投资，一般要经过 3 年以上时间，等到公司成功上市后或者被并购后，才可以变现手中持有的股份。如通过其他途径退出，例如，公司破产清算、股份转让等，则一般会承担损失。

（3）股权投资的天生风险

股权投资的高收益对应的是高风险。

相关数据显示，中国中小企业目前平均寿命仅 3.7 年。对于风险投资专业人士，虽然大部分的项目都会投资失败，但是只要其中少数几个项目上市或被并购产生高回报即可。但是众筹降低了投资门槛，绝大多数投资者都是普通老百姓。一方面，众筹投资人不可能有资金向大量的项目投资来分散风险，手头的资金一般也就只够投一两个项目，如果这一两个项目干砸了，就血本无归了；另一方面，风险投资人一般会对行业进行深入地研究，对项目商业可行性的判断相对专业，而普通老百姓可能更多的是听信众筹发起人的推荐，缺乏调查和评估企业的能力。

4．网络私募风控

（1）投资担保

国内绝大多数互联网非公开股权融资（即“网络私募”）平台采取无担保模式，这主要是因为《管理办法》规定股权众筹平台不得对众筹项目提供对外担保，而且即使有担保，也不代表投资没有风险。以 P2P 投资的第三方担保实践来看，依赖第三方担保的投资者往往会面临担保公司无能力代偿甚至拒绝代偿的风险，或者面临众筹平台虚假宣传担保事项的风险。投资者应该树立高收益与高风险对应的正确投资理念，量力而行。

（2）“领投+跟投”模式

① 原理

考虑到投资人的非专业性，我国的网络私募多采用“领投+跟投”模式，由经验丰富的专业投资人作为领投人，跟投人投资领投人推荐的项目。跟投人一般可将除了分红权（股票分红）、收益权（买卖股票赚差价）以外的股东权益（主要是投票权）委托给领投人，由领投人代替跟投人来维护股东权益（如图 4-21 所示）。

由于众筹的公司多为无名小卒，因此领投人在一定程度上为融资公司的资质进行背书，有利于提高投资人对其的信心。例如，2015 年 10 月“Yes 想要”登录 36 氪众筹，由时尚集团总裁苏芒领投 100 万元，引起跟投人热捧，项目上线两个小时超募 250%，最终认购额突破 710 万元。

② 诚信风险

在实践中，领投人一般在众筹公司成功上市，跟投人兑现投资时从中收取一定比例的奖金，因此领投人理论上和跟投人利益一致。但是领投人与融资人之间如果存在某种利益关系，便很容易产生道德风险，领投人可能向投资人推荐利益相关项目。

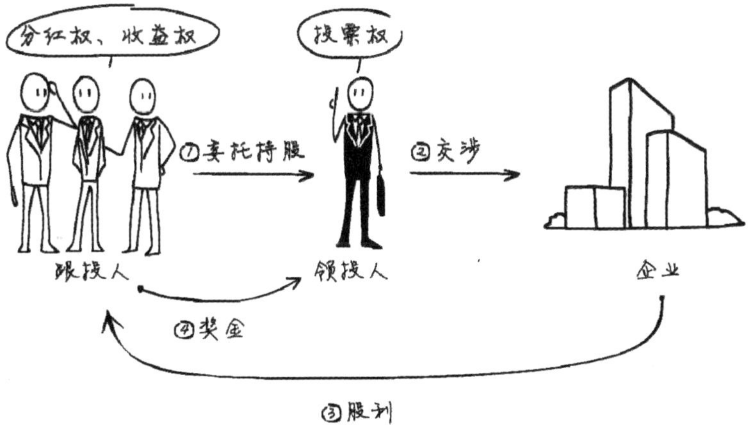

图 4-21 “领投+跟投”模式示意图

③ 股权投资基金的应用

目前有一些网络私募平台引入了跟投基金模式，即投资人把钱投给跟投基金，跟投基金再自行投资多个股权项目。一是引入了专业的投资机构，二是通过投资多个项目来分散风险，有助于投资者的风险控制。

跟投基金模式的问题在于，虽然目前法律没有明文禁止，但其实质是网络私募平台兼营基金销售，因此这里会涉及基金销售的相关资格与范围问题（请参考互联网基金销售章节）。在未来股权众筹的相关规定出台之时，此模式能否存续值得关注。

请扫描二维码观看视频“《星际公民》众筹吸金大法”。产品众筹已经成为使众多杰出创意得以实现的摇篮，而历史上最成功的产品众筹案例莫过于赞助人数过百万、融资额度破 1 亿美元的网络游戏《星际公民》。本视频案例围绕其众筹成功的原因进行了探索。

《星际公民》众筹吸金大法

知识点总结

1. 现代众筹的特点主要包括以下内容。

- 是一种直接融资的金融活动。
- 众筹的资源主要是资金。
- 以自愿为原则。

2. 网络众筹的特点主要包括以下内容。

- 是现代众筹的一种。
- 主要集中通过众筹网站完成，不依赖线下环节。
- 投资人比较分散独立。
- 投资人准入标准较低，即具有大众化特征。

3. 采用网络平台的意义在于突破人际圈和地域等的限制，扩大众筹受众群体。

4. 产品众筹特征主要包括以下内容。

- 通过向投资者分担风险来鼓励创新。
- 是对市场需求的直接反映。
- 始于产品的筹办/研发阶段。
- 是一种追求非金钱回报的投资行为。

5. 股权众筹特征主要包括以下内容。

- 主要始于企业的初创时期。
- 是一种追求金钱回报的投资行为。
- 高风险、高收益。

6. 中国现行政策、法规对于股权众筹的基本要求主要包括以下内容。

- 主要通过互联网平台进行。

➢ 服务于小微企业。

➢ 应为小额投资。

➢ 属于证券发行业务，由中国证监会监管。

➢ 公开融资，面向大众投资者。

7. 中国现行政策、法规对互联网非公开股权融资的核心要求主要包括以下内容。

➢ 设立合格投资人准入制度。

➢ 禁止向不特定对象公开发行证券，融资完成后企业总股东数不超过 200 人。

8. 互联网非公开股权融资风险主要表现在以下几个方面。

➢ 投资人难以行使股东权利。

➢ 投资流动性差，投资周期长。

➢ 信息不对称。

复习与思考

一、多选题

1. 在网络众筹的下列说法中，不正确的是（　　）。

A. 产品众筹发起时产品必须处于可量产的阶段

B. 网络预售即产品众筹的一种

C. 利用网络进行的众筹即网络众筹

D. 产品众筹的主要参与者为一般的商品消费者

2. 目前对国内网络股权众筹的说法中，不正确的是（　　）。

A. 从法律上来讲，股权众筹分为私募与公募两种

B. 法律规定，网络股权众筹应该采取“领投+跟投”的模式

C. 众筹平台必须实现刚性兑付

D. 股权众筹变现期较长，一般大于 3 年

3. 国内股权众筹投资者变现投资的手段是（ ）。

A. 通过股权众筹平台进行股份转让

B. 待众筹企业上市后卖掉持有股份

C. 众筹企业被并购

D. 众筹公司分红

4. 关于现代众筹的说法中，正确的是（ ）。

A. 是一种间接融资手段

B. 带有一定的强迫性

C. 募集的主要是资金

D. 是一种金融活动

5. 下列关于产品众筹的说法中，正确的是（ ）。

A. 产品众筹的投资者分担产品研发的风险

B. 产品众筹是一种购买行为

C. 产品众筹提供金钱性质的回报

D. 产品众筹的结果是对市场需求的反映

6. 下面哪些是股权众筹的特征？（ ）

A. 进行股权众筹的一般是成熟的大企业

B. 股权众筹的目的是获得金钱性质的回报

C. 股权众筹是一种高风险、高收益的投资行为

D. 股权众筹的参与方主要是专业投资机构

7. 下面哪些是中国现行政策、法规对于股权众筹的规定？（ ）

A. 股权众筹不允许出现第三方投资担保

B. 股权众筹单笔投资应该为小额投资

C. 股权众筹应该通过互联网平台进行

D. 股权众筹的监管单位是中国证券业协会

二、思考题

1. 讨论为什么互联网非公开股权融资对于投资者设有准入要求。

2. 讨论为什么股权众筹平台不得从事 P2P 借贷与股权代持业务。

3. 讨论产品众筹应该如何定义项目的“创新性”。

4. 关注一些产品众筹的成功案例的后续报道，讨论产品众筹对于投资者的一些风险。

CHAPTER 5

第5章 互联网消费金融

学习地图

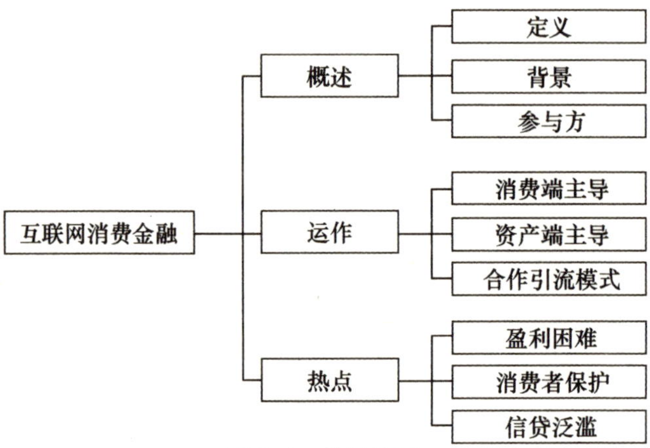

图 5-1　学习地图

学习目标

- 明确什么是互联网消费金融，并把握消费金融公司的具体特征
- 能够区分 3 种互联网消费金融的运作模式，重点掌握每种模式中现金流和物流的流动
- 了解现在互联网消费金融行业的一些热点问题

5.1 互联网消费金融概述

1. 什么是互联网消费金融

互联网消费金融是以互联网技术为手段，向各阶层消费者提供消费贷款的金融服务，是传统消费金融活动各环节的电子化、网络化、信息化。目前，我国法规并没有准确定义互联网消费金融的范畴，但业内一般将申请、审核和支付等主要环节基本通过网络渠道实现的消费贷款都归类为互联网消费金融（如图 5-2 所示）。目前，互联网消费金融业务统一由中国银监会监管。

	传统消费金融	互联网消费金融
主要运营机构	银行、小贷公司、汽车金融公司	消费金融公司、电商
常见产品类型	车贷、房贷、信用卡、手机分期	网络购物白条
申贷环节	线上/线下	线上
审贷环节	线下实地面签	网络实名认证、大数据征信
支付环节	银行转账	网络支付
与消费的关系	相对独立	相对结合
服务范围	机构网点周边区域	无明显限制
服务对象	信用状况良好的人群	缺乏信用记录的人群，中低收入人群

图 5-2　消费金融模式对比

2. 互联网消费金融兴起的背景

（1）传统消费金融的缺陷

传统消费金融依靠线下贷款环节，最简单常见的形式是银行信用卡和车贷、房贷。信用卡虽然可以应用于网络购物，但申请人需要到营业网点面签才能领卡，即使是网络办卡也不例外。而如果是车贷、房贷等额度大、期限长的贷款，还需要借款人提供抵质押或者第三方担保。另外，传统消费金融一般主要服务机构运营地区，例如，小贷公司等出于法规政策原因，跨区域服务会受到限制，而信用卡异地消费则可能会产生额外费用，并且要走银联通道。因此，传统消费金融有着效率低、区域受限的问题。

互联网消费金融是为了弥补上述传统消费金融的缺点而产生的，贷款通过网络产生并应用于线上线下消费场景，因此高效便捷，且不受地域限制。除此以外，互联网消费金融往往将目标群体定位为申请不到信用卡和银行贷款的人群，通过收取高利率来应对高坏账率。

（2）居民消费习惯的改变

一方面居民可支配收入逐年上升，另一方面居民消费观念逐渐开放，从而产生了贷款提前消费的需求（如图 5-3 所示）。

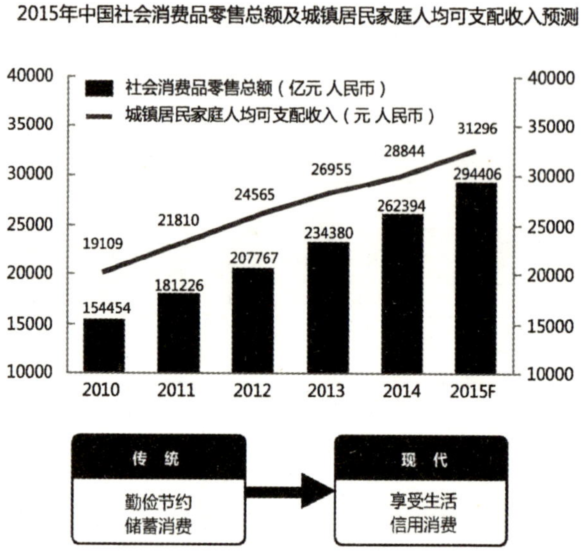

图 5-3 消费能力与消费意识的变迁

（3）国家政策的扶持

目前，我国经济正在向内需驱动转型，但现阶段我国银行业对于（中低收入阶层人群）消费贷款的支持力度不足（2015 年消费性贷款余额占比 20%，与欧美 50%的比例差别巨大），因此需要依靠其他贷款机构来推动消费金融的全面发展。

国家扶持消费金融发展的一个重要举措便是鼓励发展消费金融公司。消费金融公司和小贷公司非常类似，均服务于中低收入人群，但主要差别在于消费金融公司一般由商业银行或大型电商成立，服务全国客户，而小贷公司则主要来自于民营资本，服务当地客户（如图 5-4 所示）。在这其中，电商系消费公司由于其先天的优势，其消费贷款业务形成了嵌入电商平台的模式（例如，苏宁消费金融公司为苏宁易购用户提供分期服务）。

根据规定，只有中国银监会批准成立的消费金融公司才能在名称中使用“消费金融”字样，且消费金融公司不吸收公众存款，不从事车贷、房贷业务。但在实践中，即使没有消费金融牌照也可以从事消费金融业务（如××白条），那么申请消费金融牌照到底有什么意义呢？

	消费金融公司	小贷公司
监管机构	央行+银监会	地方金融办
机构类型	非银行业金融机构	非金融机构的工商企业
准入方式	消费金融牌照	无限制
服务客户	消费者	小企业+消费者
服务地区	全国各地	机构所在地
股东要求	金融机构注册资本600亿元， 非金融机构年收入300亿元	无限制
贷款限制	单笔贷款不超过20万元	单笔贷款不超过注册资本的5%
数量	至今获批11家	据2015年统计近9000家

图 5-4 消费金融公司特征

以苏宁消费金融公司为例，其最大的好处是作为金融机构可以以数倍杠杆经营（一般的非金融机构则必须找金融机构贷款，不仅额度有限还要付出高额利息。而金融机构可以便宜且大规模地借钱来经营，如银行借储户的存款来放贷，储户的资金额度是银行股本的十几倍），并可以吸收股东存款（即有偿借股东的钱来经营，注意这里不是公众存款，因为只有银行才允许吸收公众存款），而南京银行是其第二大股东。另外，苏宁消费金融公司的金融机构身份使其可以接入央行的征信系统，更好地判断借款人的信用。

3．互联网消费金融运作机构

互联网消费金融的运作机构主要根据各自的职责分为资产端、资金端和消费端，其中根据消费金融运作模式的不同会出现同一家机构身兼数个角色的情况。

（1）资产端

资产（管理）端负责向消费者提供消费贷款，其业务主要包括设计消费贷款产品、审查借款人资质、支付款项给商家、向借款人回收本息等，是消费金融的资金运营商。这里主要包括经营消费信贷业务的小额贷款公司和消费金融公司等。

（2）消费端

消费端即实际发生消费场景的环节，主要为线下实体商店和线上网购平台（电商），是消费金融的资金出口，如超市、购物中心、京东、淘宝等。

（3）资金端

资金端向资产端提供消费贷款资金，是消费金融的资金入口，其主要包括投资银行、保险公司、P2P 网贷平台等。

在前面的 P2P 网络借贷章节中，我们提到 P2P 平台也有中介消费贷款项目。由于 P2P 网贷平台必须遵守信息中介的身份，不介入除了撮合借贷以外的业务（否则可能为自融），因此 P2P 平台自身只能作为资金端，不可作为资产端。一般是资产端先垫付消费贷款，然后通过债权转让模式把贷款放到 P2P 平台上去对接投资者。

5.2 互联网消费金融的运作模式

目前国内互联网消费金融的行业实践可以按照消费金融活动主导方的不同分为以下 3 种模式。

1. 模式一：消费端建设资产端

（1）模式定义

这是最为直接简单的互联网消费金融模式，即网购平台（电商）自己在销售商品的过程中发现消费者有着贷款的需求，因此允许消费者先购买商品，然后分期偿付货款，网购平台身兼消费端和资产端两个角色（如图 5-5 所示）。目前国内比较有代表性的有京东白条、天猫分期、苏宁易购。

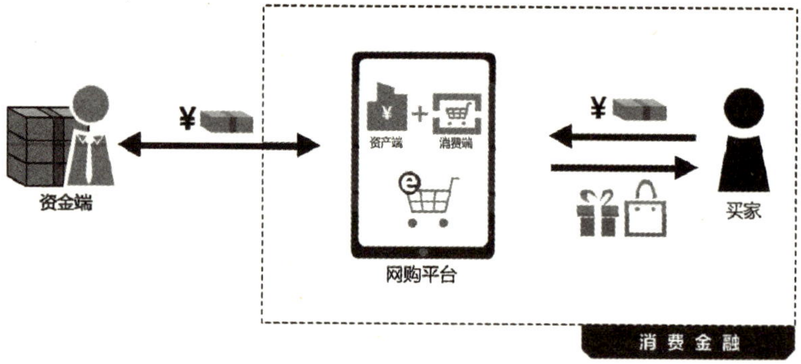

图 5-5 消费端主导模式

（2）模式优点

① 贷款风控有可靠数据

贷款风控的第一关，就是确保借款人有还款意愿和能力，因此需要了解其个人信用和收入。网购平台由于积累了大量的消费者数据，因此能够基于这些数据（浏览、购买、付款记录等）来判断对于某个消费者哪些商品可以提供分期服务、提供的分期服务额度和期限如何制定等。由于其掌握了完整的一手数据，且所有环节均在线上自动完成，因此能低成本、高效率地完成贷款审核的工作，基本可以达到消费者申请分期购买便立刻成交。

② 资金流转安全

在这种模式下，消费垫付资金在平台和商户之间直接流转，完全处于平台的掌控之下，因此不存在被消费者挪用的风险。相比之下，以传统消费金融中的信用卡消费为例，消费者可能将信用卡额度违规用于投资活动，甚至进行套现等。

（3）争议问题

网购平台自行提供分期消费服务，到底属于金融行为里的消费信贷，还是属于商业行为里的商家赊销（则不算是金融业务），目前在法律的认定上其实存在争议，本书将其包含在互联网金融内是出于教学完整性的考虑。为了避免严格的监管，网购平台一般坚持其为赊销；而银行等金融机构则因为此类业务实质上与其信用卡业务发生了冲突，而坚持其应该作为信贷受到监管。

案例链接

2015年11月，某国有银行表示，由于××白条属于涉嫌违规的虚拟信用卡，而且本身是一种贷款行为，因此叫停本行信用卡为××白条还款，以避免形成“以贷养贷”（个人信用卡只能用于消费，而不能用于生产经营或投资）。

银行方面表示，首先，××白条除了可以实现先消费后还款，最长30天免息外，消费者还可以选择分期付款，未还款需要支付违约金。可以说，××白条基本上涵盖了信用卡的基本特征；其次，由于××白条30天的免息期叠加信用卡50多天的免息期，消费者事实上可免息购物80天，这实质上为信用卡发卡行增添了风险。对此，××方面回应，××白条业务属于赊销，是商业信用行为，不是信贷类产品。

从理论上来讲，××白条本质上是否为金融贷款，可以通过其在××主营业务中的角色来判断。通常，商家为了促进作为主营业务的商品销售而让消费者先提货后付款，这一般被归类为赊销。但

> 目前××白条已经开始走出了××的网购业务，开始成为独立经营的贷款业务，从这个角度而言可能被归类为金融信贷业务。
>
> （资料来源：《信息时报》）

2. 模式二：资产端建设消费端

（1）模式定义

这种模式下最常见的形式是资产端建立分期购物平台，与各大厂商和网购平台进行合作，由分期购物平台身兼消费端和资产端来提供分期消费场景，由厂商和网购平台来供货（如图 5-6 和图 5-7 所示）。由于在整个消费和贷款流程中，只有分期购物平台接触客户，因此这是围绕资产端形成的闭环分期消费模式。这种分期购物平台最大的特点是商品的仓储、快递等环节皆由合作的厂商和网购平台来负责，可以被理解为网购平台的分销商。

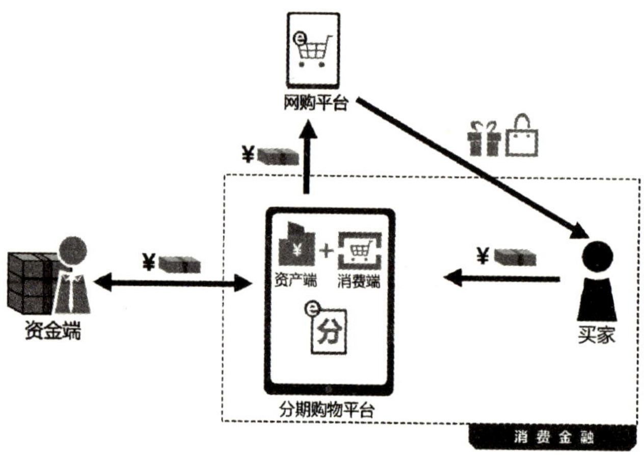

图 5-6 资产端主导模式

图 5-7 某分期购物平台消费页面

形象地说，用户（消费者）找“土豪”同学（分期购物平台）让他垫款买手机，“土豪”同学亲自上京东买了手机，但收货人是用户。用户欠同学钱，京东则不在乎谁欠谁的钱，只管收钱发货。

分期购物平台的主营业务不是销售商品，而是提供分期购买服务，因此其与提供分期服务的电商网购平台的区别一般有两个。

- 对分期购买资质审查较松（分期平台赚的就是利息\服务费\手续费，而京东白条等分期服务则是为了促进销售）。
- 分期购物平台的经营是围绕各个商品而不是网店进行的，例如，在分期购物平台上一个商品只配有一个页面，不会出现电商网购平台搜索一个商品出现多个供货商铺的情况。

那么问题来了，分期购物平台提供的分期消费服务到底是商业行为的赊销还是金融行为的信贷？

理论上来讲，分期购物平台其实并不销售商品，而是替消费者垫款，和消费者形成的是金融信贷关系。当然在实践中，一些分期购物平台为了规避监管，将分期还款金额分成本金部分和“服务费/手续费”部分，规避收取利息的嫌疑（如图5-8所示）。

每期月供均为104.88元，明细如下：

账单	每期本金	每期服务费
1期	80.47元	24.41元

图 5-8　某平台收费标准

（2）模式优点

① 获取现成用户信息

资产端可以通过与网购平台合作，获取部分客户的行为数据进行分析，从而更好地评估这些消费者的信用等级。不过如果分期购物平台面对的消费者超出了网购平台的覆盖范围，则这种优势就派不上用场。

② 资金流转安全

在这种模式下，由于资产端的资金直接流向有合作关系的厂商和电商网购平台，因此不存在被消费者挪用的问题。

③ 供货方折扣优惠

分期购物平台在业务链中是厂商和电商网购平台的分销商，因此可以获取商品价格折扣，从而形成差价收入或用来吸引消费者。

（3）模式缺陷

这种模式最大的缺陷在于客户逾期风险偏高。分期购物平台迫于营收的压力往往提高风险容忍度，且使用利息较高的分期购物平台服务的客户往往是资质达不到银行要求的，因此其客户群偏向收入较低甚至没有稳定收入的类型。

从行业实践来看，目前国内主要的几个分期购物平台是将没有稳定收入来源的大学生作为目标群体，往往实际上的付款人是大学生的父母，因此这种贷款模式实际上是看重借款人第三方担保（第二还款来源）而不是其自身盈利能力（第一还款来源），是一种本末倒置的高风险贷款模式。另外由于大学生的偿付风险较高，分期购物平台要求的附加利息/费用也会较高，可能会让大学生陷入高利贷的困境。

案例链接

假设用户在分期购物平台上购买 iPhone 6s Plus，标价 5688 元，分期 12 月，每月还款 514 元，即本金 474 元（“5688/12”）+服务费 40 元（“5688×0.7%”），则年化服务费率 8.4%，远远高于 4.35%的同期银行利率。

当然，这里的前提是用户每个月都按时足额还款。本案例的分期购物平台规定，如果逾期要缴付以下费用。

- 逾期还款违约金=每期应付未付款项×0.05%×违约天数
- 催告费用=每期应付未付款项×0.5%×违约天数
- 其他合理费用=每期应付未付款项×0.45%×违约天数

假设用户某个月 514 元的还款额逾期半个月，则需要额外缴纳 72 元（514×（0.05%+0.5%+0.45%）×14），逾期费率如果单利年化则为 365%！当然在实践中平台不可能等用户逾期一年才来催收，但这也可以反映出一些隐藏的费率之高。同时，一些平台也有没收保证金的做法。

3. 模式三：资产端与消费端合作

（1）模式定义

在这种模式下，独立资产端（金融机构）和独立消费端建立合作关系。通常资产端会针对消费端客户的状况和需求甚至围绕特定消费品定制信贷产品，并由消费端将此类产品推荐给消费者。在实践中，这种模式多应用于线下实体商店，即形成“线下购物+线上贷款”的结合模式，比较常见的是实体手机店的分期购买服务（如图 5-9 所示）。

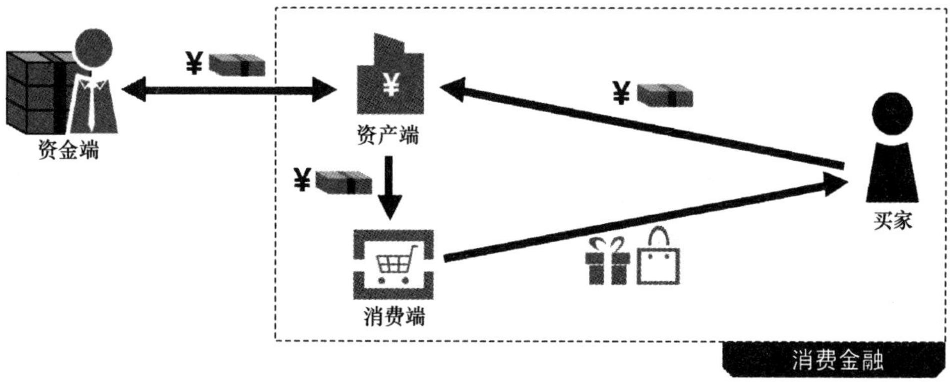

图 5-9　合作分流模式

（2）模式起源

以实体手机店的线上分期消费为例，这种模式起源于实体手机店的线下消费分期服务，一般由当地的小贷公司和经营地附近的手机店铺合作。申请人首先需要提交自己的个人信息，提供身份证和银行卡，并签署一系列合同，然后要经过至少数日的等待，在小贷公司审核完纸质材料并发来合同后才能获得贷款。可以看到，这种模式不仅效率低，还有着向手机店员工泄露自己个人信息和小贷公司串改、截留合同文件的风险。

（3）模式优势

“线下购物+线上贷款”的结合模式下，申请人一般只需通过手机 APP 提交个人身份信息和工资卡信息，资产端接入征信系统查询其信用状况，大约半个小时便能完成审核，以后的还款一般通过网络支付进行。这种线上贷款模式效率高，且没有个人信息泄露给线下人员的风险。另外从资产端的角度而言，由于其可以没有线下审核环节（在实践中部分线上平台在服务没有稳定收入的大学生时往往采用线上审核和线下面签结合的模式），因此资产端可以跨区域开展业务。

（4）模式缺陷

此种模式虽然比线下的消费分期模式更加高效，并且覆盖范围更广，然而目前其正面临前面两种互联网消费金融模式的严重挑战。原因主要有以下两个。

➢ 这种模式围绕特定消费者和消费品制定信贷产品，并且一般需要和店家一一建立合作关系，因此在业务的开展上受到局限；而前两种模式围绕网购平台制定，只需要把握一家网购平台便能接触到全国的消费者。

➢ 这种模式下，资产端只能得到关于消费者的有限的信息，且和消费者的接触仅仅局限于这一次交易，因此不利于贷前调查和贷款回收工作的进行；前两种模式下，资产端可以通过网购平台获得关于消费者的更加全面的行为信息，而且和消费者事先建立了长期的交易关系，因此对消费者的资格评估更加有效，且消费者违约的成本过高。

5.3 互联网消费金融热点话题

1．长期盈利模式难寻

互联网消费金融的主要目标群体是没有银行信用卡的中低收入阶层，那么这会产生规模和风控难以两全的问题，我们以大学生贷款平台为例来讲解。

首先，大学生由于没有稳定收入和长期信用记录，主要依靠父母还债，贷款的坏账率会非常高。在实践中，一些商业银行曾经进行过“信用卡进校园”的活动，结果产生了较高的坏账率，因此中国银监会 2009 年宣布禁止银行向未成年学生发信用卡。

其次，大学生在毕业后，由于有了稳定上升的收入，因此会逐渐脱离大学生贷款平台。这种长期优质客户的流失对于贷款平台而言，意味着高昂的客户开发费用和试错成本。在大学生贷款平台发展的初期，很多平台将业务集中于少数几所重点大学，并且通过雇佣校内学生作为面签官来控制贷款风险，成效不错。但是这种模式下市场容量十分有限，而当平台将业务扩张到其他学校时，贷款坏账率开始上升。

2．消费者隐私保护

互联网消费金融很重要的一个环节，就是大数据征信。一套准确的大数据征信系统可以帮助互联网消费金融机构高效率、低成本地判断借款人是否会按时还款，而大数据征信的重点便是通过分析借款人的社会行为来评估其还款能力以及意愿。

那么问题来了，"我的隐私"会成"他人财富"吗？

我国《征信业管理条例》规定，征信机构不得采集个人收入、存款、有价证券、商业保险、不动产的信息和纳税数额信息，但明确告知主体提供该信息可能产生的不利后果，并取得其书面同意的除外。然而某知名社交软件拥有上亿用户，其背后的征信公司可能会在未取得用户同意的情况下取得这些人的隐私通讯记录（不属于《征信业管理条例》里限制的信息），而且用户几乎不可能自主察觉。这些数据包括客户的社会关系、个人爱好、工作交流甚至个人隐私，如何确保这些信息不被用于除了金融信用评估以外的领域对监管而言是个挑战。

3．消费者权益保护

案例链接

2016年3月15日，由新华网联合中国人民大学法学院、中央财经大学法学院、中国社科院金融研究所支付清算研究中心共同举办"2016金融消费者权益保护高峰论坛"。在会上，蚂蚁金服、百度百付宝、宜信等23家金融相关机构联合发起签署了《金融行业自律公约》。

此公约的签署，象征着互联网金融行业的进步，但也显示出来目前国家监管不完善的尴尬现实，行业机构需要通过自律公约来互相约束，规范行业发展。

（1）法律规范不完善

在分期购物中，存在很多不确定因素，如售后服务、退货处理等，而目前我国《合同法》对此规定得比较简单，难以应对多样化的实际状况。尤其是在互联网金融高速发展的今天，网络分期购物的形式和权责利关系更加复杂，行业急需监管机构出台针对性的政策进行规范，以保护消费者的权益。

2013 年 5 月 8 日，中国人民银行印发了《中国人民银行金融消费权益保护工作管理办法（试行）》，其中规定，金融消费者是指在境内购买、使用金融机构销售的金融产品或接受金融机构提供的金融服务的自然人。这一界定并没有包括网络支付、网络借贷等非金融机构或准金融机构消费者。

（2）假冒伪劣商品问题

在消费端主导的消费金融模式下，由于资金和商品的流动都在消费端的掌握之中，因此商品质量纠纷比较容易解决。然而在其余两种模式中，由于实际商品不由资产端管理，但消费者的借贷/赊销关系是面对资产端的，因此商品质量纠纷难以解决。例如，如果消费者在某实体手机店分期购买手机，和小贷公司形成借贷关系，而消费者随后决定退货，那么其与小贷公司的借贷关系是否依然成立？虽然一般正规经营的小贷公司会在借贷合同中或者在和手机店的合作协议中做出规定，但实践中不乏有手机店员工没有按照流程操作，或者没有在销售时将相关信息提供给消费者的乱象。

（3）空壳资产端风险

空壳资产端风险主要是指在资产端主导的模式和合作引流模式下，消费者所接触到的资产端实际是个空壳，其本质上只是消费者和另一个资产端（如消费金融公司）的中介，即消费贷款的“二传手”（如图 5-10 所示）。常见的形式是空壳资产端会利用消费者的信息以消费者的名义在另一个资产端办理消费贷款，消费者会签署一个“四方协议”（空壳资产端其实是消费者、消费金融公司和商店三方的中介），而空壳资产端会在这笔贷款上附加“服务费”和“账户管理费”。在这种模式下，消费者的实际贷款成本会非常高，而且一旦与空壳资产端发生纠纷，或者空壳资产端破产或跑路，则可能面临债权归属争议的问题。

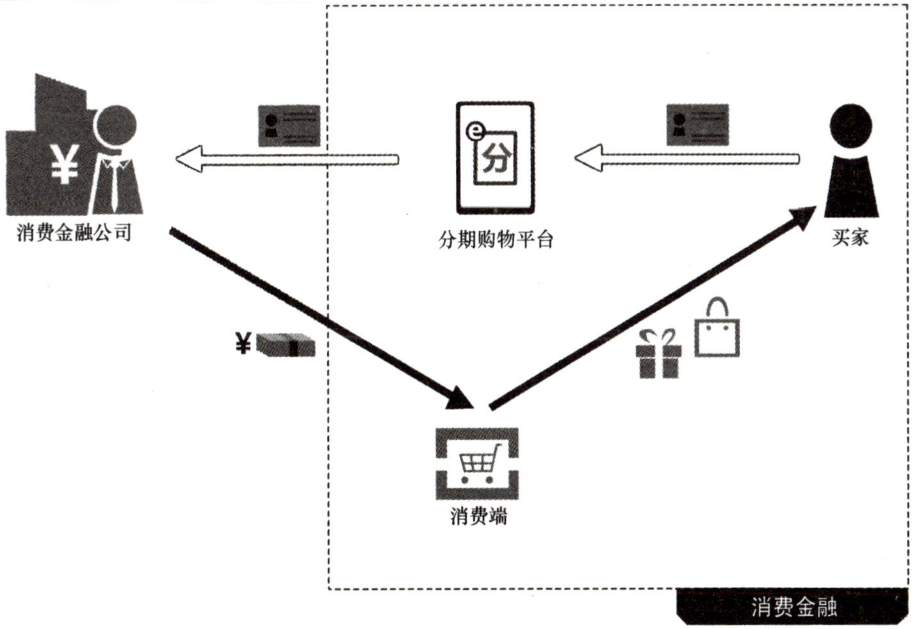

图 5-10　空壳资产端

（4）“被贷款”风险

目前由于互联网消费金融监管不完善，许多经营不规范的机构在客户资质审查方面控制不严，可能会发生客户信息被盗用的问题。

2016 年 3 月，大连市警方破获了一起网络分期购物平台涉嫌案件。某面向大学生的分期购物平台的业务员在发展大学生客户的过程中，获取到注册认证使用的学生照片、身份证照片等个人信息，利用这些信息与其他分期购物平台比对，发现有相同的注册账号后，冒充被害大学生与分期购物平台客服联系，以原手机号码停用等名义，提供注册认证时的学生个人信息，经平台审核通过后，更改捆绑的手机号码、支付宝号码等个人信息，进而利用被害人账号进行贷款及购物，将购买的物品销赃后获利。

由于目前互联网金融平台之间缺乏信息互通机制，大部分也没有接入央行征信系统，因此同一个人在不同平台上重复借贷的行为很难禁止，不少消费者在分期购物方面更是借新还旧。

（5）违规流程与暴力催债

2016 年 3 月，河南电视台报道了一起某高校大学生利用班级同学的身份证、学生证、个人电话及父母电话、手持身份证拍照等信息在大学生借贷平台借款数十万元赌博，最终因无力偿还而结束自己生命的悲剧。

报道中采访的一些学生表示，他们没有借款却收到借贷平台催债信息，甚至威胁等。一些校园借贷平台在个人信息审核方面并不严格：拍照只要觉得像，并不是本人也能通过；协议上采集指纹只要是手印，不是自己的也能通过。虽然这起事件为个案，但也反映了目前监管不完善的情况下互联网金融行业的“乱相”。

另外，从2016年6月开始，各大媒体开始报道“裸条借贷”的相关新闻，即借款人（多为在校女大学生）以手持身份证的裸照作为担保，通过××宝网络借贷平台借高利贷（周息可达 20%），如逾期则被公开裸照。对此，《最高人民法院关于审理民间借贷案件适用法律若干问题的规定》第十四条规定，如果民间借贷“违背社会公序良俗”，则人民法院应当认定民间借贷合同无效。如果读者中有遇到类似情况的，编者建议第一时间报警，并寻求法律援助。

4．远离“首付贷”

案例链接

> 在十二届全国人大四次会议记者会上，央行方面表示，房地产贷款的首付必须是购房人自有资金，不能是借来的。房贷分期的首付机制本身就是根据购房者还款能力来制定的，如果购房者借钱来付首付，则其除了房贷外还需偿还首付的借款，因此未来偿还的能力实际也变了，会增大银行房贷的风险，P2P 平台不允许从事房贷首付的业务。

所谓“首付贷”，是指消费者通过额外的贷款来偿付房贷（也有车贷）的首付款项。房贷额度大、期限长，要求消费者首付一定比例款项，一来是排除连首付都付不起的客户，二来首付款有利于鼓励消费者继续履约付完剩余款项。首付贷的出现使得许多不适合购房的消费者负债强行进入市场，而且为专业炒房者提供了机会，说得专业点，就是“放大了房市投资的杠杆，创造了泡沫”。

从 2016 年开始，各地政府开始下发《××省互联网金融风险专项整治工作方案》，严禁各类机构开展“首付贷”性质的业务。现在互联网金融行业各种创新业务层出不穷，金融消费者和投资者必须考虑好相关风险，注意好监管机构发出的风险提示。

知识点总结

1. 互联网消费金融最大的特征在于贷款的申请、审核和支付等主要环节基本通过网络渠道实现，不依赖线下环节，从而实现了广域的服务范围。互联网消费金融业务由中国银监会监管。

2. 消费金融公司和小贷公司相比，准入标准高很多，且必须持消费金融牌照运营，单笔贷款不超过 20 万元。只有申请到消费金融牌照的公司才能在名称中使用“消费金融”字样，且允许高杠杆经营和吸收股东存款，接入银行征信系统，但不从事车贷、房贷业务。

3. 消费端主导模式如图 5-11 所示。

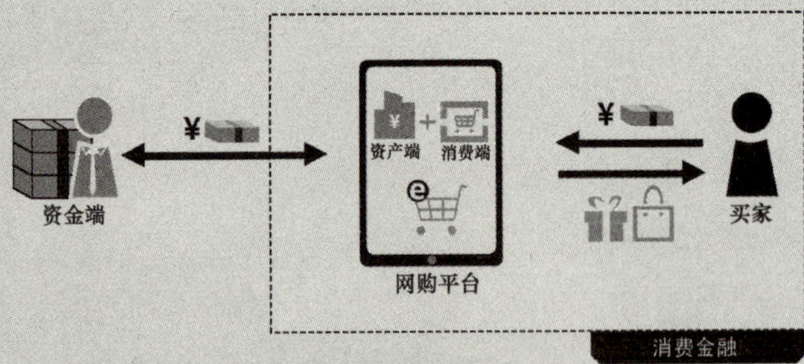

图 5-11 消费端主导模式

4. 资产端主导模式如图 5-12 所示。

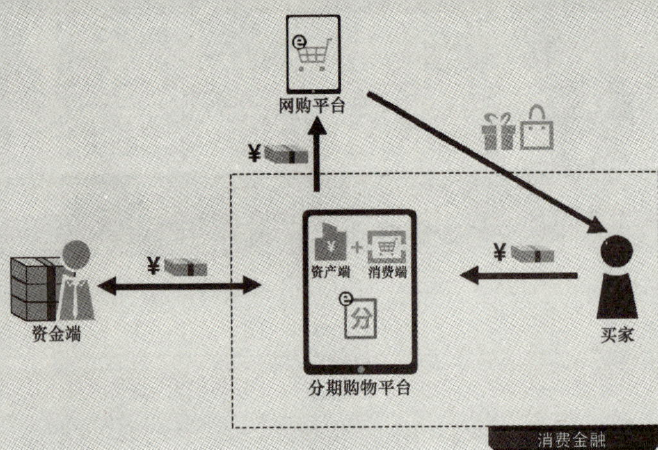

图 5-12 资产端主导模式

5. 合作引流模式如图 5-13 所示。

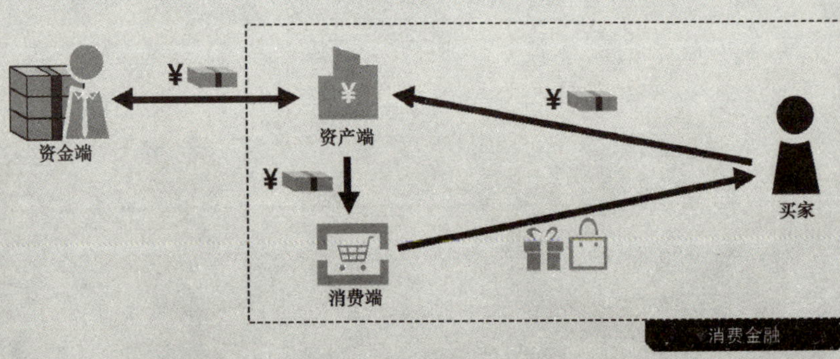

图 5-13 合作引流模式

复习与思考

一、多选题

1. 下列对于互联网消费金融的说法中，不正确的有（　　）。

A. 必须依赖线上消费场景进行

B. 必须实地到网点申请贷款

C. 从事互联网消费金融的机构由中国银监会监管

D. 银行信用卡不属于其中的一部分

2. 对于消费金融公司，正确的说法有（　　）。

A. 必须获批消费金融牌照，且必须在公司名称中注明“消费金融”字样

B. 不得从事车贷、房贷业务

C. 单笔贷款额度不超过股本的 5%

D. 允许吸收公众存款经营

3. 关于消费端主导的互联网消费金融模式，正确的是（　　）。

A. 网购平台只控制物流，不控制现金流

B. 网购平台是消费端和资产端

C. 借款人的审核工作一般委托给第三方进行

D. 资金流动不经过消费者

4. 关于以分期购物平台为例的资产端主导的互联网消费金融模式，正确的是（　　）。

A. 资产端经营和管理网店商铺

B. 资产端的客户来自合作的网购平台

C. 商品的派送由合作的网购平台负责

D. 分期购物平台提供的分期服务不是赊销

二、思考题

1. 结合现在的一些大学生贷款平台提供的大学生"实习"来还债的模式探讨其风险和机遇。

2. 跟踪中国银监会等监管机构对于互联网消费金融的新政策发布，关注监管机构对于非金融机构从事（类）金融业务的态度。

3. 图 5-14 为某现价 4599 元的手机 6 个月分期付款的规定，请计算每月按时还款和第二个月逾期半月其余款项按时还款两种情况下的资金成本差别（非金融、财税专业学生只需计算相差的金额数，金融、财税专业学生请计算相应的 IRR）。

还款详情

每期月供均为798.74元，明细如下：

账单	每期本金	每期服务费
1期	744.01元	54.73元
2期	752.86元	45.88元
3期	761.82元	36.92元
4期	770.89元	27.85元
5期	780.06元	18.68元
6期	789.36元	9.38元

逾期还款违约金公式：每期应付未付款项×0.05%×违约天数。

催告费用公式：每期应付未付款项×0.5%×违约天数。

其他合理费用公式：每期应付未付款项×0.45%×违约天数。

CHAPTER 6

第6章 互联网基金销售

学习地图

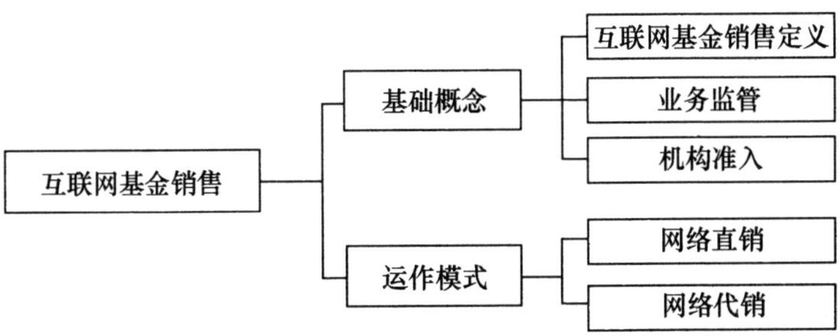

图 6-1　学习地图

学习目标

- 掌握互联网基金销售的概念以及准入监管
- 能够辨识各互联网基金销售服务中，哪些机构是代销机构，哪些机构是为直销提供辅助服务的机构

6.1 互联网基金销售概述

1. 什么是基金

基金是指投资者为了某种共同目的而汇聚并交由专人管理的资金，如为了进行投资获利（证券投资基金）、应付特定支出（住房公积金）、促进社会公益（希望工程基金）等。

互联网基金销售主要指证券投资基金。

2. 什么是基金销售

为了规范基金销售业务，必须先定义基金销售行为本身。法规对于基金销售这个行为有着明确的定义，包括基金销售机构宣传推介基金，发售基金份额，办理基金份额申购、赎回等活动。

3. 什么是互联网基金销售

互联网基金销售，即是基金销售各个环节的线上化。线上化对于投资者最大的影响是往往会弄不懂到底是谁在卖基金。例如，用户放在余额宝里的钱被拿去投资天弘基金，请问是余额宝销售基金吗？或者说，用户通过百度金融购买华夏基金，卖家到底是谁？

互联网基金销售环节中，最重要的两个主角是基金销售机构和基金销售支付机构。基金销售机构是指依法从事基金的宣传推介，办理基金份额的发售、申购、赎回和转换等基金销售业务的基金管理人以及经中国证监会认定的其他机构；基金销售支付机构是指基金销售机构选择的从事基金销售支付结算业务的商业银行或者支付机构。

互联网基金销售还有一个新加入的主角——第三方电子商务平台，其即可为基金投资人和基金销售机构之间的基金交易活动提供辅助服务，也可以自行开展基金销售活动（第三方电子商务一般包括网络支付服务，但本章为了方便理解概念不包括进去）。

6.2 互联网基金销售的金融监管

1. 基金销售机构的准入

根据中国证监会 2013 年修订的《证券投资基金销售管理办法》（以下简

称《管理办法》）规定，商业银行、证券公司、期货公司、保险机构、证券投资咨询机构、独立基金销售机构以及中国证监会认定的其他机构从事基金销售业务的，应向工商注册登记所在地的中国证监会派出机构进行注册并取得相应资格。

独立基金销售机构是指以基金代销为主要业务的金融机构，可以与任何基金无直接关联，可以销售任何基金的产品，是基金产品的“购物平台”。

案例链接

有部分媒体在报道各机构申请基金销售资格时，提到“一些机构现在申请独立/第三方基金销售牌照，并不打算从事基金销售业务，而是计划以后等牌照升值后卖掉”。关于这则新闻，编者有几点说明。

首先，基金销售并不实行牌照制，而是实行注册备案制，通过审核的机构将获颁《基金销售业务资格证书》（如图 6-2 所示）。一般业内所说的“牌照”只是一种方便的称呼，在相关法律文件里是不会出现这个词的。

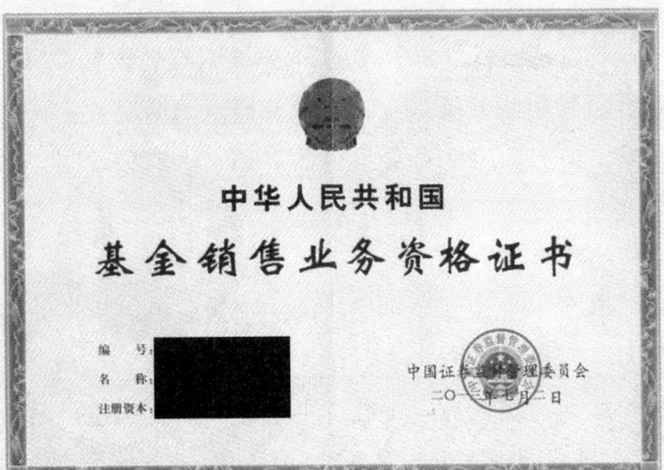

图 6-2　基金销售“牌照”

还需要强调的是，基金销售资格在审查时按照不同类型的机构会有不同的要求，但最终获颁的证书是一样的，并不存在所谓的“独立/第三方基金销售牌照”。

最后，所谓的“卖牌照”，其实是指一些机构通过审核成为基金销售机构后，将机构有偿转让给其他机构（被收购），业内俗称“壳买卖”。取得销售资格的基金销售机构在转让后一旦资质不再符合中国证监会的有关规定，也将被取消销售资格。

2．基金销售支付机构的准入

基金销售机构可以选择商业银行或者支付机构从事基金销售支付结算业务，其中商业银行必须具有基金销售业务资格，支付机构应当取得中国人民银行颁发的《支付业务许可证》，且公司基金销售支付结算业务账户应当与公司其他业务账户有效隔离。除此以外，基金销售结算专用账户开立人（如第三方支付机构）应当自销售账户开立之日起 5 个工作日内将有关监督协议和账户信息报中国证监会及账户开立人所在地派出机构备案（例如，中国银监会出具《关于对××支付公司备案为基金销售支付结算机构无异议的函》）。

3．对第三方电子商务平台的监管

根据中国证监会 2013 年发布的《证券投资基金销售机构通过第三方电子商务平台开展业务管理暂行规定》（以下简称《暂行规定》），第三方电子商务平台可以为基金销售机构开展基金销售业务提供辅助服务（其中不能包括基金交易账户开户、宣传推介、基金份额的申购、认购和赎回、相关投资顾问咨询和投诉处理等应由基金销售机构提供的服务），自行开展基金销售业务的，其经营者应当取得基金销售业务资格。

第三方电子商务平台为基金销售机构的销售业务提供辅助服务的，其经营者应当按照中国证监会的规定进行备案。

基金销售机构通过第三方电子商务平台开展基金销售活动的，应于业务开展后 5 个工作日内报中国证监会备案，并在第三方电子商务平台的醒目位置披露其工商登记信息和基金销售业务资格信息，提示基金销售服务由基金销售机构提供（如图 6-3 所示）。

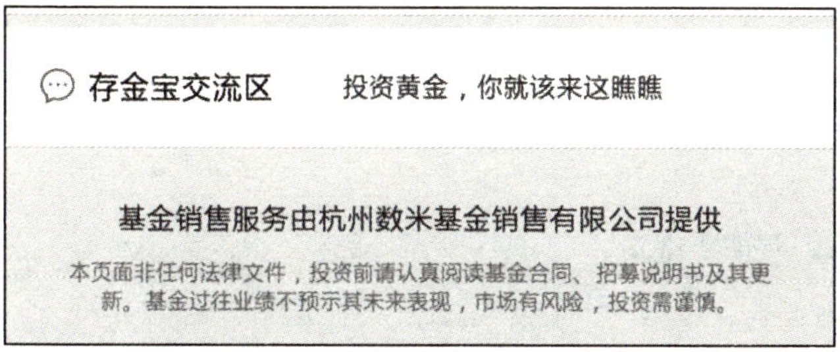

图 6-3 蚂蚁聚宝 APP 基金销售声明

4．基金销售的“三原则”

（1）资金安全性

这里主要是指互联网基金销售的资金池风险和销售结算资金的使用规范。

基金不是资金池。资金池的本质是投资者对资金的用途没有话语权，例如，银行利用储户的钱来进行放贷无需征得储户的同意（储户的钱都混在一起，并不分谁的存款用来贷款），只需要能够应付储户的提现需求即可。由于银行会将短期的活期存款用于长期贷款业务（即“期限错配”），因此如果大量储户临时产生提现需求则可能发生现金不足的问题（即“流动性风险”），但银行可以向其他银行甚至央行借钱，因此发生这种问题的可能性较低。作为非银行业金融机构的基金则不享有这种特权，因此不能从事“资金池”业务，基金投资人的资金运作尤其是期限必须按照事先约定的条款进行。

基金销售结算资金是指由基金销售机构、基金销售支付结算机构或者基金份额登记机构等基金销售相关机构归集的，在基金投资人结算账户与基金财产托管账户之间划转的基金申购（认购）、赎回、现金分红等资金。为了保证其安全，涉及基金销售结算专用账户开立、使用、监督的机构（如基金销售机构）不得将基金销售结算资金归入其自有财产。相关机构破产或者清算时，基金销售结算资金不属于其破产财产或者清算财产。

（2）客户适用性

基金销售机构要根据投资人的风险承受能力和基金产品风险收益特征来进行匹配，如针对风险承受能力较弱的退休人员，不应该推荐风险较高的基金产品。

（3）宣传用语的限制

互联网基金销售业务应遵守基金销售的相关规定。《证券投资基金销售管理办法》有以下规定。

a. 基金宣传推介材料不得有下列情形。

➢ “虚假记载、误导性陈述或者重大遗漏”。

➢ “预测基金的证券投资业绩”。

➢ “违规承诺收益或者承担损失”。

➢ “诋毁其他基金管理人、基金托管人或者基金销售机构，或者其他基金管理人募集或者管理的基金”。

➢ “夸大或者片面宣传基金，违规使用安全、保证、承诺、保险、避险、有保障、高收益、无风险等可能使投资人认为没有风险的或者片面强调集中营销时间限制的表述”。

➢ “登载单位或者个人的推荐性文字”。

b. 基金宣传推介材料应当含有明确、醒目的风险提示和警示性文字。

c. 基金销售机构不得“采取抽奖、回扣或者送实物、保险、基金份额等方式销售基金”。

6.3 基金是怎么在互联网平台上卖的

如前所述，基金销售的业务范畴是有清楚的法律规定的，因此我们在实践中将由基金公司开展基金销售业务的模式称为互联网基金直销，将由第三方机构开展基金销售业务的模式称为互联网基金代销。

1. 流量导入的直销

（1）百度金融模式

直销模式下，基金公司直接负责基金营销的流程，最简单的模式便是自己成立网站来销售基金，但单个基金公司知名度一般较低，网站难以吸引流量，因此其一般寻找拥有广大客源的第三方机构来引入客户，一个典型的案例便是百度金融。

如图 6-4 所示，第三方电子商务平台百度金融和多家基金公司建立合作关系，由基金公司提供并运作基金产品，由百度金融提供展示产品信息的消费场景并吸引客户，金融消费者在百度金融平台上选择完产品后，通过百度钱包（百付宝）这个网络支付渠道来进行资金的投放。

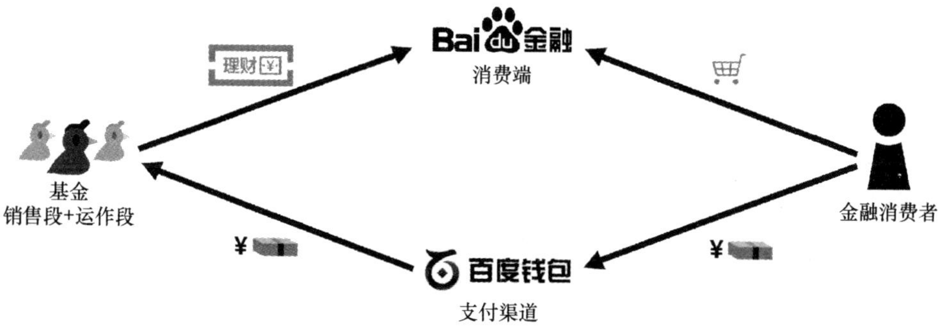

图 6-4　百度金融模式

虽然根据中国银监会对于基金销售的定义，百度金融仅起到了流量导入作用，没有参与基金销售，但其依然为金融消费者提供了一个围绕不同基金产品的消费场景。不过需要提出的是，这个消费场景非常简略，仅提示了收益率（如图 6-5 所示），而提供基金产品的基金公司自身的网站上对于基金产品的信息展示则非常复杂（如图 6-6 所示）。

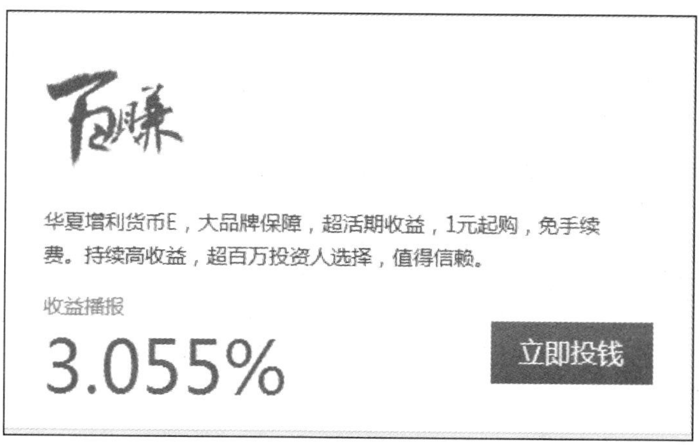

图 6-5　“百赚”基金产品

个人金融消费者购买基金产品，额度一般上万元，期限至少要半年，而且投资期内取现会受到限制，因此金融消费者在购买前需要仔细阅读相关信息做出决策。百度金融对于基金产品的展示之所以如此简略，是因为百度金融允许用户“零钱投资”（1 元可购），且可以随时取回投资（流动性高），因此对于用户而言，使用体验上就和银行活期存款一样灵活，但收益率高，所以并不会太关心理财产品的很多细则信息。

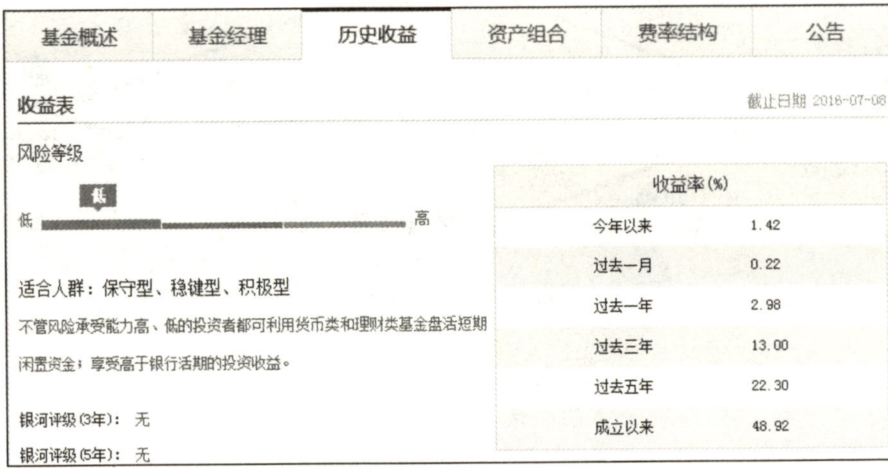

图 6-6　华夏基金网站产品页面

案例链接

法律规定，没有基金销售资格的第三方电子商务平台不能从事基金销售，包括不能宣传推介基金。那么问题来了，如果平台不能宣传推介基金，那么要怎样引导消费者购买基金呢？

2013 年，某电商平台和其合作基金联合推出“××理财计划”，其中宣传“该产品年化收益率将高达 8%”。由于该电商平台并无基金销售资格，而上述广告被认为是宣传推介基金并承诺保本保息，因此在业内引起争议。电商平台回应，称“8%”是“目标年化收益率”，而非承诺的收益率。

中国证监会经过调查宣布，该电商平台作为没有资金销售资格的第三方电子商务平台，仅起到流量导入的作用，未参与基金销售业务，因此也不存在违规承诺保本保息的问题。投资人交易账户开户、申赎交易、资金支付清算以及后续客户服务等各个基金销售业务环节均由其合作基金完成。

结合中国证监会的声明和相关法律条文，我们可以得出以下结论，第三方电子商务平台不能对基金公司进行宣传推介（如不能宣传基金历年收益），但可以展现基金产品的信息（如产品目标收益率等），因此该电商平台并未宣传推介基金，从法律上而言未参与基金销售业务，严格意义上也没有违反基金销售不得保本保息的监管要求。

（资料来源：中国证监会微博）

（2）余额宝模式

① 余额宝是什么

借助第三方电子商务平台直销模式的另一流派便是余额宝模式。如图 6-7 所示，余额宝是由网络支付机构支付宝和天弘基金合作建立的定制化产品，支付宝的用户将钱从支付宝账户里转入余额宝账户（一个设立在天弘基金的专用机构账户），即默认购买了天弘基金的产品，没有额度大小限制，而且可以随时存取（即“T+0”交易制度）。

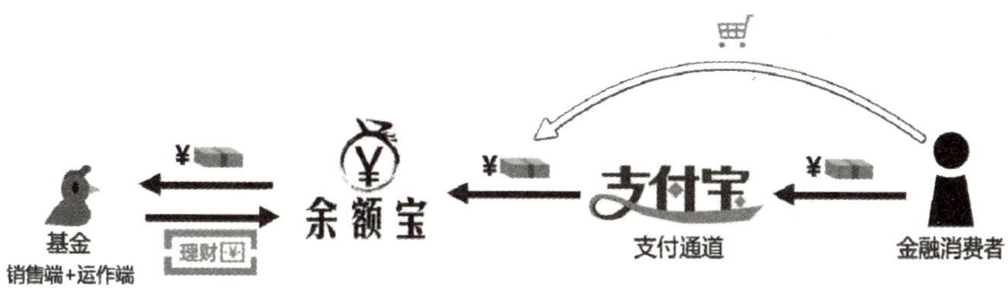

图 6-7 余额宝模式

② 是通道还是代销

那么问题来了，基金产品到底是谁在卖的？

金融消费者在使用余额宝前，需要签署《余额宝用户服务协议》及《天弘基金管理有限公司网上交易直销自助式前台服务协议》。其中前者强调“本公司（即支付宝）及其关联公司仅向投资者提供资金支付渠道，本公司及其关联公司并非为理财产品购买协议的参与方”，后者提到“在支付宝网站设置天弘基金网上交易直销自助式前台（即余额宝）”。可以看出，余额宝是天弘基金（基金销售机构）在支付宝（资金划转渠道）的网站上设置的“网上交易直销自助式前台”。

对比目前取得基金销售资格的机构，支付宝没有建立自己的基金清算、风控等后台系统，也没有起到基金产品投资顾问的推介角色，盈利模式（收取通道费）也并非佣金分成，谈不上基金代销。

③ 余额宝的巧妙设计

支付宝通过这种形式参与基金销售业务有以下两个原因。

首先，中国证监会对基金销售机构的审核和监管比对基金销售支付结算服务机构的要严格得多，支付宝将自己在余额宝业务中的角色定义为“支付服务”而不是“基金销售服务”，规避了支付宝没有基金销售资格的风险。

其次，拥有巨量用户群的支付宝所关心的是，如何能够防止用户的流失。对比百度金融模式，余额宝模式省略了基金消费场景（如图 6-8 所示，支付宝用户看不到和天弘基金相关的信息，只看得到余额宝这个产品），支付宝用户虽然使用的是天弘基金的服务，但实际上是将其当作支付宝的增值服务，不了解（或关心）背后基金产品的性质。以余额宝的开户流程为例，基金销售过程中必需的身份证、银行开户账户等用户的资料由支付宝提供给天弘基金，但用户个人并没有在天弘基金直接开设账户，也不拥有独立的天弘基金账户密码。支付宝通过这种机制设计，确保了用户群不会流失。

图 6-8 支付宝的转账页面

④ 余额宝为什么成功

余额宝取得巨大成功最根本的原因在于余额宝货币基金的本质被刻意淡化了（之前 2008 年股市大跌，投资者心有余悸，看到“基金”就心有余悸），给客户看到的是一个“高收益、低风险、随用随取”的产品，用户不用费心思去想哪种基金好投，只要考虑“转多少钱进去”就行了。另外，余额宝的后台是支付宝（阿里巴巴），这就解决了用户信任度的问题。

案例链接

讲到余额宝的成功，我们不得不提一下和余额宝同根生的淘宝基金店。

淘宝基金店于余额宝之后推出，和百度金融一样都是为基金销售机构提供直销辅助服务的第三方电子商务平台。淘宝基金店在上线的两年间业务量没有起色，最终宣布“退休”。

编者认为，淘宝基金店之所以没有像余额宝一样做大，表面是因为淘宝基金店就像一个杂货铺，上线的基金数量太多了，用户在使用时看到的不是淘宝这个品牌，而是一个个自己不熟悉（所以不信任）的基金产品。相比之下，余额宝模式淡化天弘基金角色，强调支付宝品牌；而内在是因为淘宝基金服务和用户特性的错位，其和余额宝一样用户以不熟悉基金的老百姓为主，但淘宝基金店却没能像余额宝一样提供“小额安全”“快捷简单”的投资环境。另外，用户群中比较熟悉基金的那部分人基本已经通过线下途径购买了功能类似的基金产品，淘宝基金店并不拥有独特的优势。

⑤ 对银行的影响

余额宝上线仅 200 多天，基金规模就达到 2500 亿元，不仅让各大基金公司大跌眼镜，还引起了银行界的关注。余额宝一方面被称为是激活金融市场的“鲶鱼”，另一方面被称为“趴在银行身上的吸血鬼”。对此，编者从余额宝当初高达 6%的收益来源来谈谈余额宝对银行的影响。

余额宝的资金，超过 90%是投资于银行的协议存款，也就是借钱给商业银行。

首先，这笔资金还是在银行体系内的，只是流向了愿意以较高的成本吸收存款的银行，不会对银行业的流动性造成冲击。

其次，国内银行存款中，除了协议存款利率以外都是被管制的，协议存款利率是各机构之间互相议价得到的市场化价格。换句话说，银行之所以愿意向余额宝借钱，是因为其他的资金来源价格更贵。因此，编者认为余额宝“会推高市场利率，提高企业和个人贷款利率”的这种说法是站不住脚的。事实上，余额宝协议存款的高利率正是利率管制下的产物，其出现反而有利于推进利率市场化的进程。

2.“基金超市”的代销

（1）什么是基金代销

基金代销是指商业银行、证券公司、期货公司、保险机构、证券投资咨询机构、独立基金销售机构等具有基金销售资格的代销机构和基金公司达成合作，由代销机构负责向金融消费者推广基金产品并完成基金销售相关业务，由基金公司运作投资者的资金。

互联网基金代销最常见的是独立基金销售机构中的第三方电子商务平台与多家基金建立合作，摆上自建“基金超市”的货架进行销售。

（2）蚂蚁聚宝基金超市

① 什么是蚂蚁聚宝

互联网基金代销一个典型的例子是和余额宝、淘宝基金同根生的蚂蚁聚宝（如图 6-9 所示，蚂蚁聚宝为阿里巴巴旗下一款综合理财 APP，这里所讲的“基金超市”为其中一个功能）。

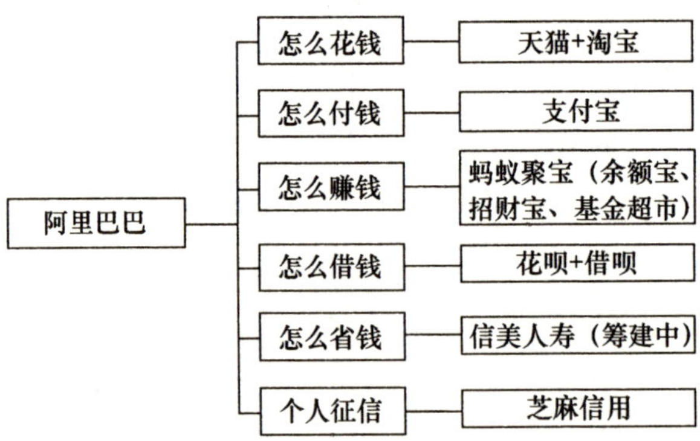

图 6-9　阿里巴巴的（服务个人的）互联网金融体系

② 业务模式流程

如图 6-10 所示，蚂蚁聚宝承担了消费端和（部分）销售端的双重角色，基金公司主要承担了资金运作的角色（可能有部分的销售业务环节），支付宝用户可直接使用余额宝里的资金购买基金。

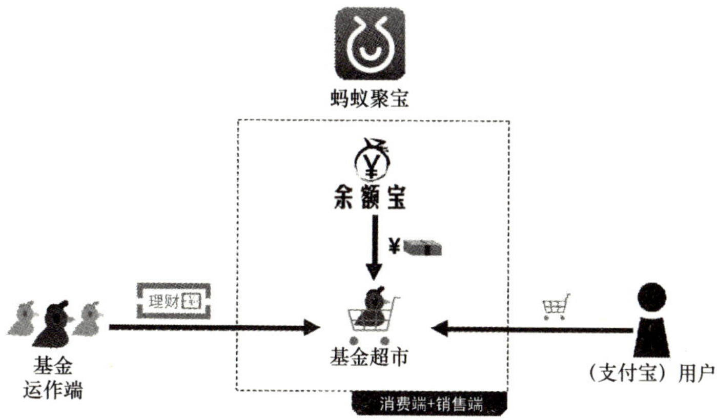

图 6-10　蚂蚁聚宝模式

③ 模式诞生原因

阿里巴巴的支付宝 APP 本身就带有理财功能，为什么要再创造一个类似的产品？

中国银监会 2015 年 12 月发布的《非银行支付机构网络支付业务管理办法》规定，（第三方支付）账户余额可以用于消费、转账以及购买投资理财等金融类产品，其所有支付账户的余额付款交易年累计不超过 20 万元。蚂蚁聚宝虽然可用支付宝账号登录，但其本身不是支付服务，从而摆脱了上述的理财额度限制，允许用户进行大额理财。

除此以外，通过支付宝和蚂蚁聚宝，阿里巴巴可以将支付功能和理财功能于两者间进行清晰划分。

④ 模式特征分析

➢ 全货架。

蚂蚁聚宝刚上线时便接入 900 多个基金产品，其中包括淘宝基金店关闭时迁移过来的以及通过收购基金代销平台数米基金网（APP 上的基金销售服务由数米负责）获得的，基本覆盖了所有类型的基金产品。

➢ 强导购。

一般线下的银行、基金网点在向投资者销售基金产品时，会由专门的理财经理去了解投资者的收入状况和理财需求，从而推荐合适的产品，这是基金销售的一个重要环节。如果互联网基金超市在这个过程中不参与，只是个单纯的代销通道，是无法留住客户的。

问题是，这种一对一、面对面的投资顾问体验正是互联网基金销售天生缺乏的。互联网基金超市的销量产生于流量，而流量的增长和人工客服成本的控制是冲突的，因此互联网基金超市一般试图提供自动化的投顾功能。

作为代销机构的蚂蚁聚宝出于基金销售的适用性原则，给用户提供了风险测试，并根据评分在其选购基金时提供建议（如图 6-11 所示）。另外，蚂蚁聚宝将基金按照主题、行业、业绩规模等进行分类推荐（如图 6-12 所示），简化了客户的投资决策流程。

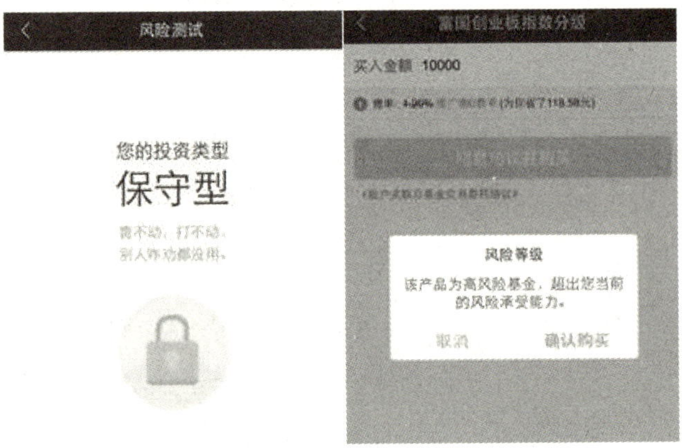

图 6-11　蚂蚁聚宝风险测试与投资匹配

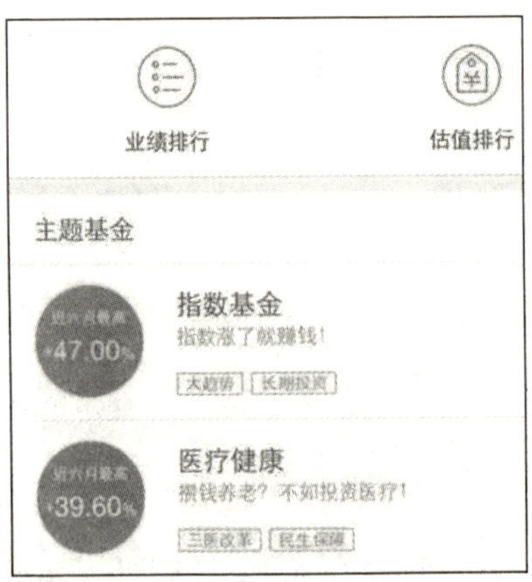

图 6-12　蚂蚁聚宝基金页面

为了增加客户的黏性，蚂蚁聚宝 APP 还推送投资资讯，来提高用户的软件使用频率。

据了解，蚂蚁聚宝还将通过理财社区的形式，引入专业投资人士来进行“领投”。

➢ 数据互通。

蚂蚁聚宝用户的理财数据可以被输入到芝麻信用中去，改善其信用评估的效果。

⑤ 模式对外影响

蚂蚁聚宝以巨量的支付宝、余额宝用户为基础，对于基金公司、信托、资管等公司来说，增加了一个很重要的销售渠道。以前基金公要一家家地和银行（一般是和各地分支行）谈合作，现在谈一家互联网基金超市就能辐射到全国的消费者，但单个基金公司话语权就弱了很多。另外，考虑到蚂蚁聚宝 APP 的版面有限，基金公司未来可能要竞价来争取头版位置。

知识点总结

1. 基金销售机构是指依法从事基金的宣传推介、办理基金份额的发售、申购、赎回和转换等基金销售业务的基金管理人以及经中国证监会认定的其他机构。机构准入实行资格管理，其应向工商注册登记所在地的中国证监会派出机构进行注册并取得相应资格。

2. 基金销售支付机构是指基金销售机构选择的从事基金销售支付结算业务的商业银行或者支付机构。其中商业银行必须具有基金销售业务资格，支付机构应当取得中国人民银行颁发的《支付业务许可证》，且公司基金销售支付结算业务账户应当与公司其他业务账户有效隔离。

3. 涉及基金销售结算专用账户开立、使用、监督的机构不得将基金销售结算资金归入其自有财产，禁止任何单位或者个人以任何形式挪用基金销售结算资金。相关机构破产或者清算时，基金销售结算资金不属于其破产财产或者清算财产。

4. 第三方电子商务平台，既可为基金投资人和基金销售机构之间的基金交易活动提供辅助服务，也可以自行开展基金销售活动。第三方电子商务平台为基金销售机构的销售业务提供辅助服务的，其经营者应当按照中国证监会的规定进行备案。基金销售机构通过第三方电子商务平台开展基金销售业务的，应当于业务开展后 5 个工作日内报中国证监会备案。基金交易账户开户、宣传推介、基金份额的申购（认购）和赎回、相关投资顾问咨询和投诉处理等基金销售服务应当由基金销售机构提供。

5. 基金不能从事资金池业务。

6. 基金销售要根据投资人的风险承受能力和基金产品风险收益特征来进行匹配。

7. 对于基金及基金产品宣传的活动，不得出现以下行为。

➢ 预测、承诺业绩收益。

➢ 为客户提供投资担保。

➢ 采取抽奖、回扣或者送实物、保险、基金份额等方式销售基金。

➢ 只强调收益，忽略风险。

➢ 诋毁竞争对手，利用单位或者个人的推荐性文字来宣传。

复习与思考

一、多选题

1. 下面哪两项最可能被定义为基金销售业务的内容（　　）？

A. 宣传基金公司的业绩

B. 告知客户基金产品的期限和额度

C. 根据客户的风险承受能力和财务目标推荐基金产品

D. 管理投资人在基金公司开立投资账户

2. 对于基金销售业务中各家机构的从业资质，正确的说法有（　　）。

A. 基金销售机构必须向人民银行机构进行注册并取得资格

B. 基金销售支付机构必须取得《基金销售业务支付许可证》

C. 作为基金销售支付机构的商业银行必须取得基金销售业务资格

D. 提供基金销售辅助服务的第三方电商平台必须向中国证监会备案

3. 对于基金销售的适用性原则，下面哪3个销售场景中的销售人员最有可能违规（　　）？

A. “我们基金去年收益10%”

B. “我们基金过去5年连续平均收益率10%，因此今年达到10%的收益率没什么大问题”

C. “我们的产品投资的是货币基金，而且我们和银行有投资方面的合作，因此产品收益高又安全”

D. “我们承诺投资不亏本”

4. 第三方电子商务平台为基金销售机构的销售业务提供辅助服务的，不得从事下列哪些业务（　　）?

A. 基金交易账户开户

B. 基金份额申购

C. 相关投资顾问咨询

D. 售后投诉处理

5. 对于互联网基金销售，正确的说法有（　　）。

A. 基金销售机构通过第三方电子商务平台开展基金销售活动时，第三方电子商务平台无需具备基金销售业务资格

B. 基金销售机构通过第三方电子商务平台开展基金销售活动时，第三方电子商务平台要在醒目位置提示由基金销售机构提供销售服务

C. 同一互联网基金销售平台不得同时销售人险和财险

D. 基金公司开展基金销售业务的模式称为互联网基金直销

二、思考题

1. 目前法律对于基金销售业务中具体销售业务由谁来承担有着明确的规定，但实践中基金销售主体往往会难以辨识，读者应当关注中国银监会对于一些互联网基金销售的监管实践来把握中国银监会的态度变动。

2. 2016年5月13日，中国银监会发布《关于规范商业银行代理销售业务的通知》，其中提到“商业银行只能代销由中国银监会、中国证监会和中国保监会依法实施监督管理、持有金融牌照的金融机构发行的金融产品，不得代销该范围以外的机构发行的产品，政府债券、实物贵金属和中国银监会另有规定的除外”。请学生关注相关新闻，观察是否有商业银行违规代销基金产品遭到处罚。

CHAPTER 7

第7章 互联网保险销售

学习地图

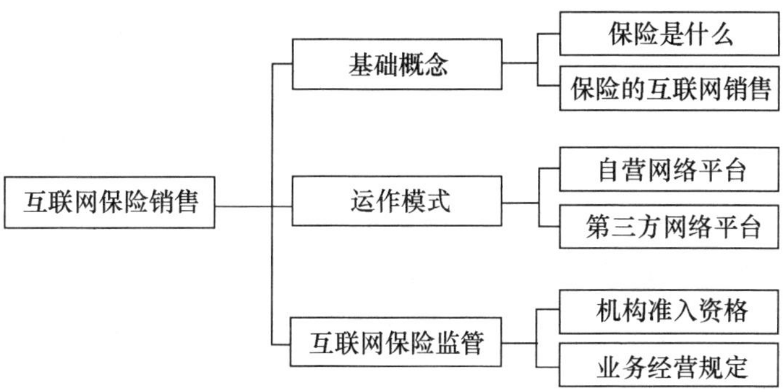

图 7-1　学习地图

学习目标

- 了解不同的保险形式和险种
- 了解保险经营机构和保险销售机构的准入资格
- 了解互联网保险销售的两大运作模式和发展方向

7.1 互联网保险概述

1. 什么是保险

（1）保险的定义

保险即为投保人向保险机构缴纳一定的费用，约定在特定事项发生时保险机构对受益人进行赔付的行为。由于偿付的资金一般来自其他投保人的缴纳保费和保险公司的保费投资所得，所以本质是由集体承担个体风险。

（2）两种保险形式

保险最简单的是消费型保险，其强调的是投保人付出保费是为了享有保障，常见的形式有交通意外险、汽车保险、医疗保险等。问题是，投保人老想，万一不出事这钱就白交了。于是，就有了投资型保险。

投资型保险是让投保人在享有保障功能的同时也分享保险机构投资保费的收益，其本质是投保人和保险公司风险共担、收益共享的理财工具。

目前，很多国内的投资型保险保障功能薄弱，反而是风险理财功能偏强。对于"不出事保费白交了"的观点，编者认为这属于因果颠倒，就好比说"我没出车祸，早知道不系安全带了"。另外，购买保险有利于个人消费，如购买了健康保险的人就相对不用担心生大病而存大笔钱不去消费。

（3）两种保险险种

保险业务按照投保目的主要可以分为人身保险业务（人寿保险、健康保险、意外伤害保险等）和财产保险业务（财产损失保险、责任保险、信用保险、保证保险等）。

2. 互联网保险业务监管

（1）想做业务先拿证

和其他几种金融业务相比，保险的金融监管特别繁杂，光相关的许可证就不少于 9 种。根据中国保监会《保险许可证管理办法》，相关许可证包括保险公司法人许可证、经营保险业务许可证、保险营销服务许可证、经营保险代理业务许可证、经营保险经纪业务许可证、经营保险公估业务许可证、保险兼业代理业务许可证、保险资产管理公司法人许可证和经营保险资产管理业务许可证（其他相关文件还规定了"保险兼业代理许可证"等，此处不予讨论）。金融机构和非金融机构经营相关保险业务必须取得相应的资质。

（2）人险财险不兼营

《中华人民共和国保险法》规定，保险公司不得兼营人身保险业务和财产保险业务，但经营财产保险业务的保险公司经国务院保险监督管理机构（中国保监会）批准，可以经营短期健康保险业务和意外伤害保险业务。

以平安集团为例，其旗下有平安财险和平安寿险两个子公司，各自都取得了保险营业资质，分别经营财产险和人身险。

人险财险不兼营，最简单的原因是保险标的物和盈利方式不同。

财产险以短期业务（一年以下）为主，如每年一签的车险，如果第一年客户撞车了，第二年该客户就得多交钱，反之亦然。财产险标的物长期状况变动较大，需要通过观察短期事件来预测近期事件，因此必须坚持短期的原则（短期的人身险有意外险和短期健康险等，因为波动较大，经常采用短期险形式方便销售和控制经验，与财险相似，因此中国保监会允许它们在财产险公司里销售）。

人身险保险期间则一般长达几十年甚至终身，以寿险为例，其赔付发生率就总人口而言比较稳定，因此未来每年交的保费一开始就规定好了。换句话说，如果保费定低了，保险公司直到几十年后才知道，亏本也只能认了，因此保险公司要对长期业务进行准确预测和定价（这也是为什么保险公司高薪抢聘精算师）。

人身险一般关系到社会稳定（如养老年金），其盈利依靠的是尽量扩大投保人数，通过大数法则来降低小概率赔付事件的影响，而财产险则易受突发事件影响，如果两者兼营可能会发生风险传染的问题，因此才需要分开经营。

（3）互联网保险谁能做

中国保监会于 2015 年 7 月 27 日发布的《互联网保险业务监管暂行办法》是互联网保险业务最重要的文件，其做出了以下规定。

➢ “互联网保险业务，是指保险机构依托互联网和移动通信等技术，通过自营网络平台、第三方网络平台等订立保险合同、提供保险服务的业务。”

➢ “第三方网络平台，是指除自营网络平台外，在互联网保险业务活动中，为保险消费者和保险机构提供网络技术支持辅助服务的网络平台。”

➢ 上述自营网络平台和第三方网络平台必须“具有互联网行业主管部门颁发的许可证或者在互联网行业主管部门完成网站备案，且网站接入地在中华人民共和国境内。”

➢ “互联网保险业务应由保险机构总公司建立统一集中的业务平台和处理流程，实行集中运营、统一管理。”

➢ “保险机构应将保险监管规定及有关要求告知合作单位，并留存告知记录。保险机构与第三方网络平台应签署合作协议，明确约定双方权利义务，确保分工清晰、责任明确。因第三方网络平台原因导致保险消费者或者保险机构合法权益受到损害的，第三方网络平台应承担赔偿责任。”

➢ “第三方网络平台应在醒目位置披露合作保险机构信息及第三方网络平台备案信息，并提示保险业务由保险机构提供。”

➢ “第三方网络平台为保险机构提供宣传服务的，宣传内容应经保险公司审核，以确保宣传内容符合有关监管规定。保险公司对宣传内容的真实性、准确性和合规性承担相应责任。”

3．互联网保险销售的地位

（1）线下保险销售的高成本

保险的作用是“花小钱消大灾”，应该说是非常理性的投资手段。问题是，人的短视带来了侥幸心理，因此绝大多数人一听到保险就提不起兴趣。结果，保险靠的不是消费者主动买，而是代理人主动卖。而由于销售成功率往往很低（保险代理人大部分时间都用在找客户上了），销售保险的佣金必须很高才能维持代理人的收入水平，这一成本就通过提高保险的价格来转嫁到了消费者头上，自然就降低了消费者的购买欲望。如此便形成了“贵没人买，便宜没人卖”的恶性循环（如图 7-2 所示）。

（2）网络保险销售的合理性

为了打破上述“恶性循环”，只有将消费者转变为“主动买”。一个传统的解决方法是教育消费者保险的必要性，但这是个吃力不讨好的长期工作。另外，消费者一般不愿意买保险，除了其自身的保险观念外，主要有以下两个主观性因素。

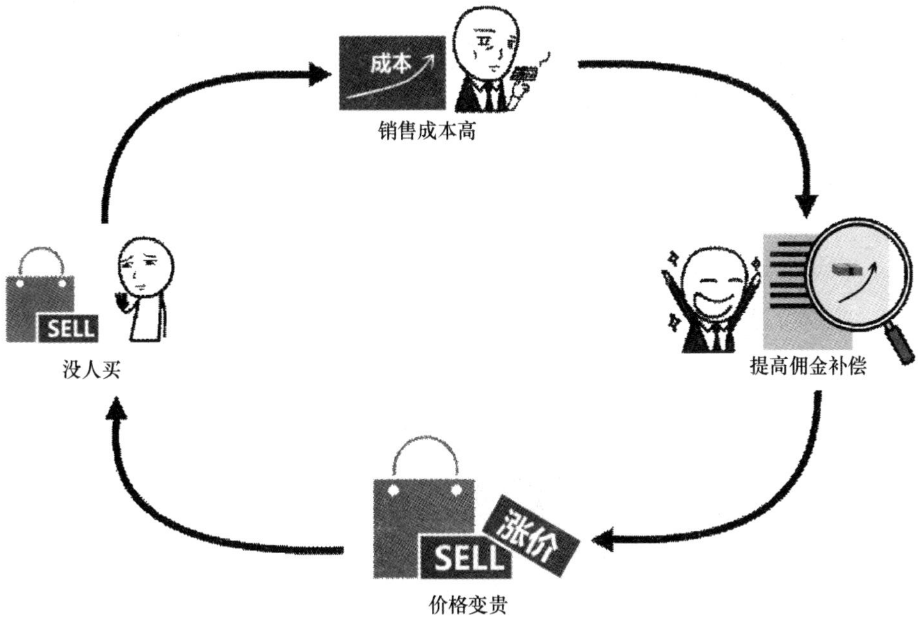

图 7-2　保险代理人成本“死循环”

① 缺乏消费场景

消费行为需要有场景刺激来产生需求，如你口渴时更愿意买水。保险代理人在向客户推销健康保险时，除非客户家里正好有老人住院，否则就只能靠其三寸不烂之舌来让客户产生危机意识。

② “单次大额”的心理压力

出于销售成本考虑，保险代理人销售的必然是额度较大、期限较长的保险产品，而消费者总是不愿意一次性支出大笔金额的。

互联网保险销售将购买环节嵌入具体消费场景，如微信卖高铁票的同时还默认搭配 10 元的一次性交通保险。通过这种手法绕开了上述两个消费者的心理障碍，实现了从“代理人卖”到“客户主动买”。另外，由于去掉了保险代理人的环节，互联网营销的低成本也使得传统保险产品在互联网上实现了“碎片化”，如苏宁保险销售的车险被拆分为“乘客座位责任险”“车身划痕险”“涉水行驶损失险”“玻璃单独破碎险”等 10 个具有针对性的小险种，更能符合消费者的特定需求。

值得提出的是，由于互联网保险销售面对的客户是“主动买”的，因此其往往是风险比较高的人员，会对互联网保险营销的盈利能力产生影响。

（3）保险代理人是否会消失

那么问题来了，网络保险销售出现后，以后还需要保险代理人吗？这个问题其实问的是：保险代理人的价值到底在哪里？

对于不同的保险险种，保险代理人起到的作用相差甚大。我们来列举一些对保险代理人需求不高，比较适合通过互联网直接销售给消费者的保险产品（如图 7-3 所示）。

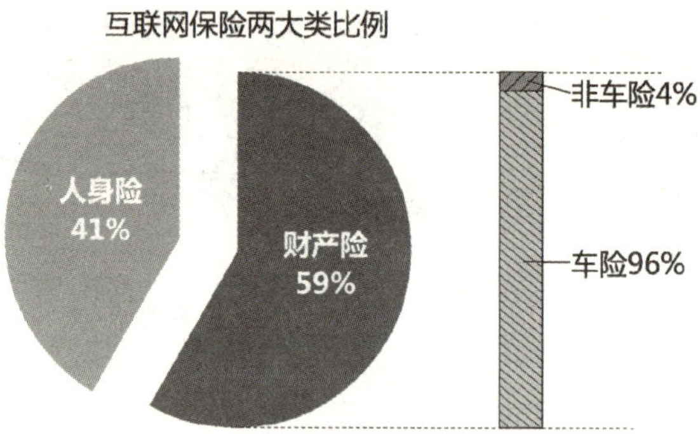

图 7-3　互联网保险险种比例

以汽车保险和理财保险为例，由于其条款内容相对简单通用，且期限短、额度小，因此适合通过互联网自动化批量营销。

那么，对保险代理人有硬性需求的保险产品有哪些呢？首先，我们来看看保险代理人在销售中起到了什么作用。

① 为客户挑选合适的保险产品

很多消费者对于保险作用的认识是非常局限的，认为其就是出事了有人赔钱，或者可以拿来投资理财。其实针对高净值人群设计的高端保险产品往往都带有信托的性质。2013 年国庆节期间，平安寿险签下一张总保额高达 1.09 亿元的“天价保单”，投保人是深圳的一名私营企业主，拥有多家公司，其投保险种组合是终身寿险 2000 万元，重疾保额 300 万元，意外险保额 6900 万元。

像这种高端保险产品，必然需要拥有法律、财务知识的高级保险代理人来推销出去。

② 讲解保险条款

很多保险条款出于法律用语严格性的考虑，并不是普通老百姓能看明白的。以重大疾病险为例，请问读者什么叫“一类重疾”“二类重疾”？再比如意外险，如何判定重伤、轻伤、残疾等级？虽然相关名词的定义在保险合同的条款中都有详细描述，但是在网络购买的条件下能够自主看完并充分理解的消费者又有多少？在这种情况下，就需要有懂得相关知识的保险代理人来为客户解答了。

③ 客户关系维护与二次开发

真正出色的保险代理人，都是与自己的客户群建立起了信赖的关系，能够在长达数年甚至数十年的职业生涯中，伴随客户成长。也许他一开始只是销售健康险，但是到了后来可能就可以为客户家庭制定财富管理规划了。

综上所述，保险代理人的这些技能都是互联网平台难以通过自动化服务替代的。因此在未来的发展中，我们可以推测，期限短、额度低的低端保险产品将会逐渐转向互联网销售，而期限长、额度大的高端保险服务则依然还是会由保险代理人（或者高端一点称为“保险顾问”）来主导。

7.2 互联网保险运作模式

1. 自营网络平台

① 传统保险公司业务线上化

传统保险公司设立自营的网络保险平台、发布相应的移动 APP，将车险、疾病健康险、旅行意外险、教育养老险等传统保险产品转移到线上进行销售。例如，平安集团成立平安网上商城，并搭配发布平安保险、平安人寿、平安一账、平安好车主等移动端金融 APP，不同险种的产品可以放在同一网页上进行销售。

这种模式基本上是将线下销售模式搬运到线上，用户可在线了解产品信息并完成缴费等流程，但由于销售的产品基本还是原有的那些，因此如财险、寿险等保险产品承保、核保等环节仍需线下辅助支撑（如投了火灾险的房子理赔阶段需要专业人士评估房屋状况），实际上无法实现完全的线上化。

另外，对于拥有大量线下资源（实体店、营销人员）的传统保险企业，建设互联网平台成本较高，且存在与线下业务部门利益冲突的问题，所以发展受到限制。

② “纯血统”互联网保险公司

具有“三马背景（阿里巴巴马云+腾讯马化腾+平安马明哲）”的众安保险是国内首家纯粹的互联网保险公司。一是全国均不设任何分支机构，完全通过互联网进行承保和理赔服务；二是大部分保险业务采用专门设计的产品，嵌入在其他种类的互联网金融业务中。

对于上述第二点，我们可以参考一下其 CEO 陈劲的发言：“众安保险作为首家互联网保险公司，始终在以服务互联网生态为定位。正如‘互联网+’的发酵一样，‘众安+’也一直在与各行各业发生化学反应。例如，‘众安+电商’场景，我们推出了退运险、众乐宝、参聚险等服务买家卖家；‘众安+互联网’金融，我们推出了账户安全险、盗刷险、借款保证险，从而多重保障资金安全。如今，众安保险正积极投入到传统产业‘互联网+’的进程中，未来我们将为更多谋求‘互联网+’的行业企业打造创新解决方案。”

众安保险的多项业务均诞生于互联网产业对保险服务的需求。以“众乐宝”为例，是众安保险联合淘宝网推出的网络保证金保险，旨在为加入淘宝消保协议的卖家履约能力提供保险，帮卖家减负，保障买家权益。其运作原理如图 7-4 所示。

淘宝卖家需要向淘宝交纳消费者保障金，在买卖双方发生纠纷，商家不想退款的情况下，淘宝会先利用这笔资金退款给买家。由于每笔保障金仅仅用来支付缴纳其的卖家，因此额度会比较大。而“众乐宝”则将所有缴费卖家的资金汇集并共享，发挥保险“众聚众偿”的优势，因此卖家缴纳的费用额度大幅下降（目前其保费缴纳额度为保障额度的 3%，即原来需要缴纳 10000 元的，现在只需缴纳 300 元），增加了店铺的资金流动性。

通过分析“众乐宝”，我们可以发现其作为互联网保险产品的一些特性。首先，在操作上实现了网络化、自动化，无需线下保险代理人参与；其次，在定价上依赖于网络用户数据分析（给淘宝卖家制定的保费率是根据淘宝平台上关于购物投诉率、退货率等数据制定的）。

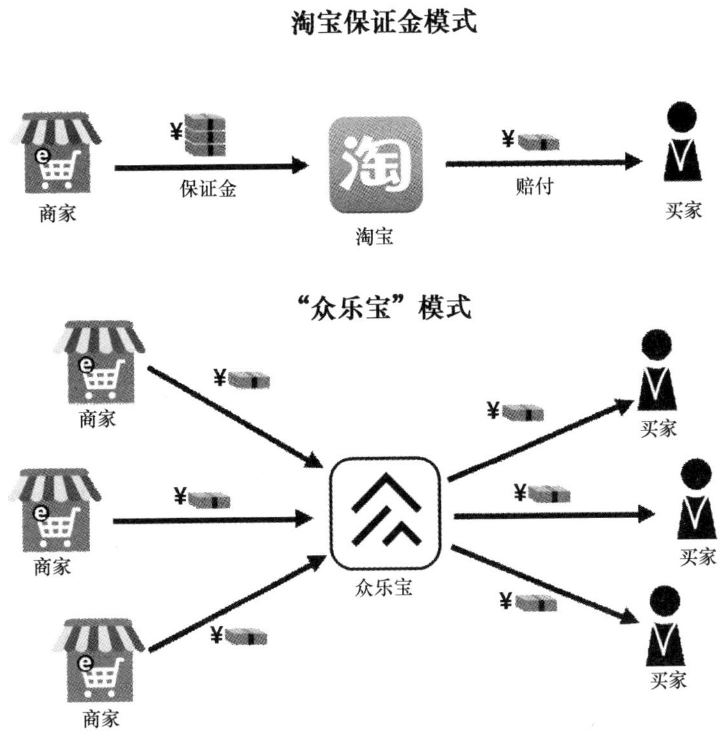

图 7-4　淘宝购物保证金

2．第三方网络平台

① 第三方保险超市

在这种模式下，第三方独立互联网保险销售网站与多家保险公司签订合同，在网站上展示不同保险公司的产品。其作为较早出现的互联网保险销售模式，虽然有利于消费者将不同保险公司的同类产品进行横向比较，但其本身经常面临着消费者信任（即谁知道网站上卖的保险是不是真的）以及难以积累用户的问题（各家网站服务与产品趋同，难以吸引新用户和回头客），因此目前在互联网保险销售中处于非主流地位。

② 电商平台兼业销售

在这种模式下，包括网络支付公司、旅游票务平台、网络购物平台等电子商务机构在经营其主营业务的同时，搭配销售合作保险公司的和电商业务相关的专用保险产品。最典型的例子便是前面提到过的微信高铁票搭配销售交通保险。

这种模式相比第三方保险超市模式，能够解决其面临的两大难题。通过这种模式进行销售的往往是业内比较有名的平台，其本身就有稳定的用户群体，且用户群已经认可了平台的资质。另外，平台销售保险时也实现了场景消费，比缺乏消费场景的保险超市更加有利于营销。

案例链接

2009 年，某知名互联网旅游平台被曝光在销售机票时搭售的航意险为伪造的假保单。旅游平台发表声明，宣称假保单是合作机票代理商个人行为所致，其自身仅负监管不力责任。法院判定旅游平台因所涉伪造保单的主体是案外人，并无证据证明其与案外人串通共同制假售假，或明知保单是伪造的仍故意向消费者提供，因此不属于欺诈行为，赔偿消费者 2200 元。

中国保监会《人身意外伤害保险业务经营标准》（保监发〔2009〕91 号）明确规定，保险公司应为客户提供电话和互联网两种方式的意外险保单信息查询服务，供其确认保单的真实性及有效性。

（资料来源：《证券日报》）

7.3 互联网保险的发展方向

1. 相互保险的新市场

（1）什么是相互保险

2015 年我国保费收入达到 2.4 万亿元，排名全球第三。然而有种叫作相互保险的新做法在美国、日本、德国、法国等发达国家保险市场占比 40%左右，在我国保险市场却几乎不存在（如图 7-5 所示），这是怎么回事？

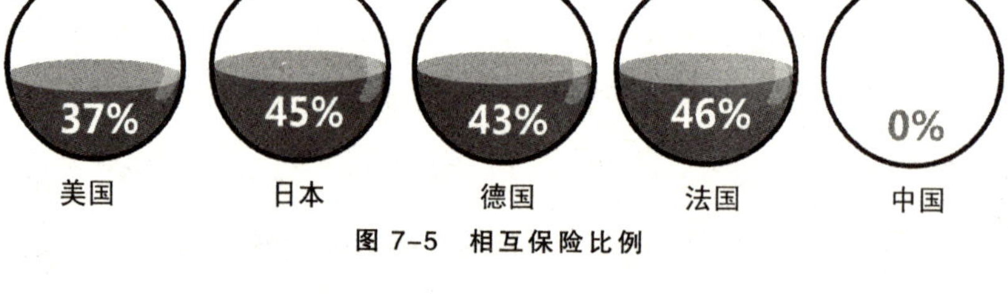

图 7-5 相互保险比例

首先，保险制度有相互制和股份制之分。

中国人平常熟知的保险都是股份制保险，即投保人向盈利的保险公司购买保险产品后，仅享受承诺的赔偿服务，保险公司投资保费的所得归保险公司股东所有（如图 7-6 所示）。

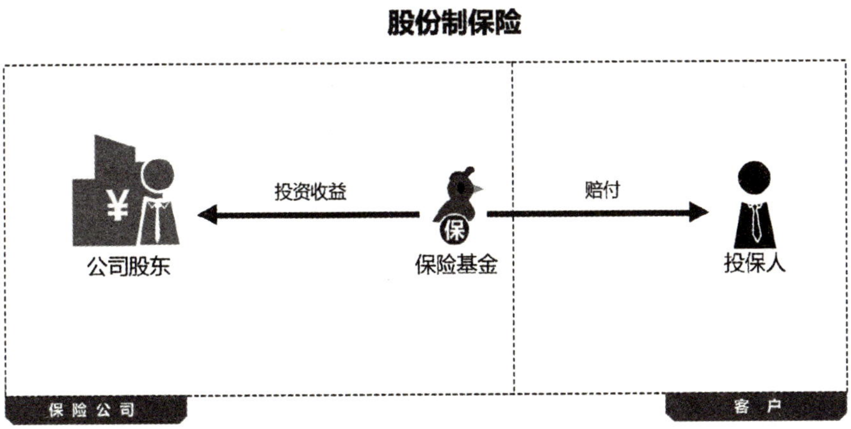

图 7-6　股份制保险

根据中国保监会《相互保险组织监管试行办法》，相互保险是指“具有同质风险保障需求的单位或个人，通过订立合同成为会员，并缴纳保费形成互助基金，由该基金对合同约定的事故发生所造成的损失承担赔偿责任，或者当被保险人死亡、伤残、疾病或者达到合同约定的年龄、期限等条件时承担给付保险金责任的保险活动。”通俗来讲，即年龄、职业、爱好、健康、家庭等个人状况相近的人群组成互助小组，共同出资来为小组成员提供保障，有点类似于资金“取自会员、用于会员”的农村资金互助社。

相互制保险制度下，投保人会成为保险基金所有者，保险基金的主要目标是满足投保人的紧急资金需求，而不是盈利，投资保费所得除去基金的运作成本外归投保人所有（如图 7-7 所示）。

（2）股份制保险的缺陷

股份制保险的逐利性一方面会促使保险公司提高保费率、降低赔付率，从而激发公司与投保人之间的矛盾；另一方面会导致保险公司规避高危人群，造成这部分人群无法得到保险服务。

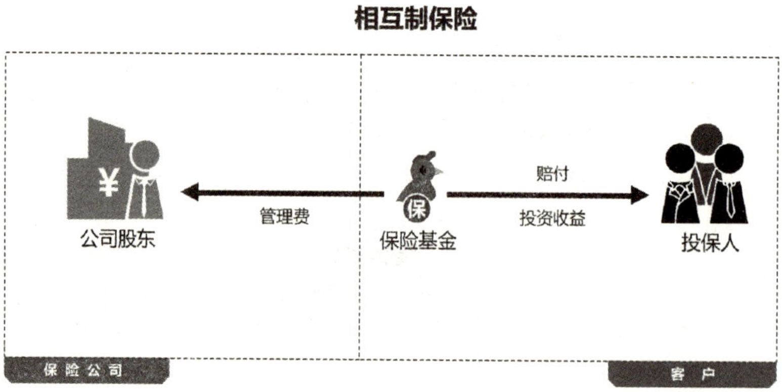

图 7-7 相互制保险

（3）相互制保险的优点

相互制保险本身的优点在于保险机构不天然追求盈利（机构名称一般为"××互助保险社"，而不是"××互助保险公司"，体现出非营利的特性），因此投保人加入的成本低，而且作为互保小组所有人的投保人对基金管理人有一定约束作用，甚至连保险条款也可以由投保人共同制定，利益冲突相对较低。另外，相互制保险具有自传播性，即投保人更有可能将保险服务推广给自己人际关系圈里有类似需求的人。

（4）相互制保险的国内发展

2015 年 6 月的国务院常务会议提出要发展相互制保险，一年后，中国保监会就批准成立了第一批相互制保险机构，是信美人寿相互保险社、众惠财产相互保险社和汇友建工财产相互保险社。

事实上，相互制保险在国内早已有过小范围试验，例如，1993 年成立的中国职工保险互助会和 2005 年成立的阳光农业互助保险，但此次中国保监会批准成立 3 家机构，象征着相互制保险在国内的正式推广。

（5）相互制保险的互联网应用

相互制保险在互联网的环境下能够最大限度地发挥自身优势。

以信美人寿为例，其背后的阿里巴巴集团通过支付宝、蚂蚁金服、淘宝等端口掌握了客户数据，能够低成本、高针对性地开发现有客户人群。以攀岩爱好者为例（由于信美人寿还未正式开始业务，因此以下场景为编者假设），由于攀岩活动风险高、受众小，一般的保险公司不提供相应的保险服务。如果攀岩爱好者通过支付宝付费参与攀岩俱乐部的活动，信美人寿可以立刻通过支付宝端口向其搭售“攀岩险”。由于信美人寿已经掌握了用户的大量数据，在销售保险时可以精确制定费率，而且无需提交额外的资料。另外，由于线上销售使得保险产品可以仅针对单次活动而实现小额售卖。这都是线下相互保险公司难以做到的。

2．万能险之乱

（1）什么是万能险

根据中国保监会的定义，万能险是指“包含投资和保障两大功能的人身险产品，投保人将保费交到保险公司后会分别进入两个账户，一部分进入风险保障账户用于保障，另一部分进入投资账户用于投资。其中保障额度和投资额度的设置主动权在投保人手中，可根据不同时期的需求进行调节，投资账户的资金由保险公司代为投资，投资利益上不封顶，下设最低保障利率。”（如图 7-8 所示）。在实践中，投资账户每月会固定向保障账户缴纳保费，这和一般消费型保险产品的年费制度是一样的。由此看来，万能险是一种保障最低收益的投资型人身保险，可以粗略地理解为“基金+保险”。

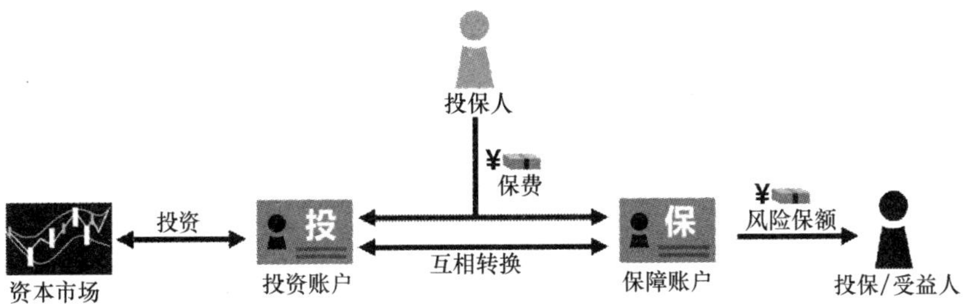

图 7-8　万能险图解

（2）万能险的风险

① 投资风险

可以看到，一方面，万能险的资金主要用于投资，保障账户是否能够按时收到足额保费维持保障功能是受到投资账户盈亏影响的，因此其保障能力可能会有所波动；另一方面，如果投保人将大部分资金放入投资账户，保险公司将资金用于较长期的投资项目，而投保人在短期内发生赔付事项，那么保险公司可能就没有足够现金进行偿付，即发生“流动性风险”。

② 网销风险

万能险（一般是寿险）在线下营销的时候，投资期限少则 5 年、多则几十年甚至终生。

当万能险转向网销时，其主要受众变为偏好短期投资的大众消费者，并且不依赖成本高昂的保险代理人环节，因此其期限被大幅缩短（部分网销万能险仅 3 个月即可退出）。

为了保证保险的长期性，客户想要提前退保一般需要支付高昂的违约金，然而许多保险公司免除了网销万能险的退保费用，造成一些网销万能险的年退保率达 90%。高退保率意味着保险公司资金流不稳定，那么则更可能发生前面所述的“流动性风险”。

（3）万能险的下架

2016 年 3 月 18 日，中国保监会发布了《中国保监会关于规范中短存续期人身保险产品有关事项的通知》，要求人身保险公司对存续期限不满 1 年的中短存续期产品立即停售，存续期限在 1 年以上且不满 3 年的中短存续期产品的销售规模在 3 年内按照总体限额的 90%、70%、50%逐年缩减，3 年后控制在总体限额的 50%以内。由于万能险总体上属于上述文件中规定的中短存续期人身保险产品，因此各大保险公司纷纷撤销了万能险产品的销售。

中国保监会这轮政策调整，应该被理解为对投资型人身保险产品市场的整顿，促使其逐渐回归到“保障”的方向上。

知识点总结

1. 消费型保险是单纯的对风险防范的投资。投资型保险是一种带有保障功能的收益不固定的理财产品。

2. 保险公司不得兼营人身保险业务和财产保险业务，但经营财产保险业务的保险公司经国务院保险监督管理机构批准，可以经营短期健康保险业务和意外伤害保险业务。

3. 股份制保险，即投保人向盈利的保险公司购买保险产品后，仅享受承诺的赔偿服务，保险公司投资保费的所得归保险公司股东所有。

4. 相互保险是指个人状况相近的人群组成互助小组，共同出资建立并拥有互助基金来应付小组成员的资金需求。

5. 相互保险机构不天然追求盈利。

6. 万能险是指包含投资和保障两大功能的人身险产品。投保人将保费交到保险公司后会分别进入风险保障账户和投资账户，投资利益上不封顶，下设最低保障利率。

7.《互联网保险业务监管暂行办法》规定如下所示。

➢ “互联网保险业务，是指保险机构依托互联网和移动通信等技术，通过自营网络平台、第三方网络平台等订立保险合同、提供保险服务的业务。”

➢ “第三方网络平台，是指除自营网络平台外，在互联网保险业务活动中，为保险消费者和保险机构提供网络技术支持辅助服务的网络平台。”

➢ 上述自营网络平台和第三方网络平台必须“具有互联网行业主管部门颁发的许可证或者在互联网行业主管部门完成网站备案，且网站接入地在中华人民共和国境内。”

➢ “互联网保险业务应由保险机构总公司建立统一集中的业务平台和处理流程，实行集中运营、统一管理。”

➢ “保险机构应将保险监管规定及有关要求告知合作单位，并留存告知记录。保险机构与第三方网络平台应签署合作协议，明确约定双方权利义务，确保分工清晰、责任明确。因第三方网络平台原因导致保险消费者或者保险机构合法权益受到损害的，第三方网络平台应承担赔偿责任。”

➢ “第三方网络平台应在醒目位置披露合作保险机构信息及第三方网络平台备案信息，并提示保险业务由保险机构提供。”

➢ “第三方网络平台为保险机构提供宣传服务的，宣传内容应经保险公司审核，以确保宣传内容符合有关监管规定。保险公司对宣传内容的真实性、准确性和合规性承担相应责任。”

复习与思考

一、多选题

1. 下面对于投资型保险的说法中，正确的有（　　）。

   A. 是单纯的对风险防范的投资

   B. 是带有保障功能的收益不固定的理财产品

   C. 包括万能险

   D. 车险多为投资型保险

2. 下列人身险和财产险的说法中，正确的是（　　）。

   A. 保险公司不得兼营两者

   B. 财产险公司经中国保监会批准可经营部分短期人身险

   C. 长期寿险是投资型保险

   D. 财产险多属于消费型保险

3. 下列相互保险的说法中，正确的是（ ）。

A. 相互保险机构不以盈利为目的

B. 保费投资收益归保险公司所有

C. 相互基金会员具有相同的风险防范需求

D. 相互保险是发达国家主流的保险形式

4. 下列互联网保险业务的说法中，正确的是（ ）。

A. 第三方网络平台应提示保险业务由合作保险机构提供

B. 各地互联网保险业务可由当地保险分公司运营管理

C. 第三方网络平台可以自营保险业务

D. 第三方网络平台为保险机构提供的宣传服务的真实性、准确性和合规性由保险公司负责

二、思考题

1. 了解和万能险比较相似的投连险、分红险，做到能够根据保险产品的条款来对它们进行区分。

2. 根据你自己的保险购物体验，讨论保险超市模式和其他模式相比，硬性竞争力到底在哪里。

3. 请比较互联网保险（尤其是相互保险）和公益众筹的区别。